Reiseführer

Kuba

**Strände · Musik · Museen · Kirchen · Plätze
Burgen und Paläste · Hotels · Restaurants**

Die Top Tipps führen Sie zu den Highlights

von Martina Miethig

☐ Intro

Kuba Impressionen   6
Salsa, Cuba libre und Compañeros

8 Tipps für cleveres Reisen   12
Radeln, baden, Rumba tanzen

8 Tipps für die ganze Familie   14
Schnorcheln, schaukeln, Dinos treffen

☐ Unterwegs

**Havanna und Trabanten –
die Grande Dame der Karibik**   18

1 Havanna 18
  Imposante Festungen 23
  La Habana Vieja 24
  Ein barockes Schatzhaus 24
  Südlich der Plaza de Armas 25
  Richtung Plaza de la Catedral 27
  Kubas Palast der Geschichte 29
  Centro 30
  Malecón und Vedado 31
  Cojímar 34
2 Museo Hemingway 38
3 Playas del Este 39

**Pinar del Río – im Land der
Tabakbauern**   41

4 Las Terrazas 41
5 Soroa 42
6 Pinar del Río 43
7 Valle de Viñales 45
8 Cayo Levisa 47

**Varadero – Wellenreiten im
ersten Seebad Kubas**   48

9 Varadero 48
  Strandleben mit Abwechslung 49
  Ab in die Tiefe 51
  Archipiélago de Sabana 51
10 Matanzas 54
  Cuevas Bellamar 54
11 Valle de Yumurí 55

Die Südküste und ihre Inseln – von Krokodilen und Hängematten 56

- **12** Península de Zapata 56
- **13** Bahía de Cochinos und Playa Girón 59
- **14** Cienfuegos 60
  - Malerisches Zentrum 61
  - Potpourri der Stile 62
  - Attraktive Ausflugsziele 63
- **15** Sierra del Escambray 64
  - Parque Nacional Topes de Collantes 65
- **16** Isla de la Juventud 65
  - Von der Piraten- zur Jugendinsel 65
  - Inselhauptstadt Nueva Gerona 66
  - Kubanisches Alcatraz 66
  - Badefreuden an dunklem Strand 66
  - Vielfarbige Unterwasserwelt 67
- **17** Cayo Largo 67

Trinidad, Santa Clara und Sancti Spíritus – auf den Spuren der Zuckerbarone 70

- **18** Trinidad 70
  - Vom Ruhm des Weißen Goldes 71
  - Museen in kolonialem Kleid 72
  - Troubadoure und Handwerker 74
  - Playa Ancón 76
- **19** Valle de los Ingenios 77
- **20** Embalse Hanabanilla 79
- **21** Santa Clara 80
  - Heldenverehrende Universitätsstadt 80
- **22** Sancti Spíritus 82

Im Herzen Kubas – durch Bauernland zu wunderschönen Stränden 85

- **23** Cayo Santa María 85
  - Cayo Las Brujas 85
  - Cayo Ensenachos 85
- **24** Remedios 86
- **25** Cayo Coco 87
  - Cayo Guillermo 88
- **26** Camagüey 89
- **27** Playa Santa Lucia 92

Der Nordosten – Kolumbus und die Indios   94

- 28 Bahía de Bariay und Gibara 94
- 29 Guardalavaca und Museo Chorro de Maíta 96
- 30 Parque Nacional Alejandro de Humboldt 99
- 31 Baracoa 100
  - Yumurí Canyon 102
  - Punta Maisí 102
- 32 La Farola 103

Der Südosten – auf revolutionärem Terrain   105

- 33 Santiago de Cuba 105
  - Möbel, Kristall und Gemälde 107
  - Trovadores und heißer Karneval 108
  - Kultstätte der Revolution 109
  - Paläste für die Toten 111
  - Bollwerk über dem Meer 111
  - Zur Nationalheiligen Kubas 112
  - Heiligtum der Revolution 113
  - Im Biosphärenreservat 114
- 34 Sierra Maestra 116
- 35 Manzanillo 118
  - La Demajagua 118
- 36 Parque Nacional Desembarco del Granma 119
- 37 Marea del Portillo 120
  - Chivirico 120

Kuba Kaleidoskop

Koloniale Wohnkultur – Patios, Rejas und Vitrales 28
Im Pantheon kubanischer Revolutionsgeschichte 32
Exportschlager Zigarre 44
Der unwillkommene Befreiungsversuch 59
Zuckerrohr und Peitsche 75
Geschichten vom Tonkrug 90
Santería – Liaison afrikanischer Götter mit katholischen Heiligen 102
Carnaval – im Rausch der Glückseligkeit 109
Salsa, Son und andere scharfe Sachen 110
Das steigt zu Kopf – kubanische Cocktails 127
Von den Segnungen des Socialismo 132

Karten und Pläne

Kuba West
　vordere Umschlagklappe
Kuba Ost
　hintere Umschlagklappe
Havanna: La Habana Vieja 20
Havanna 33
Trinidad 74
Santiago de Cuba 108

☐ Service

Kuba aktuell A bis Z   123

Vor Reiseantritt 123
Allgemeine Informationen 123
Anreise 125
Bank, Post, Telefon 125
Einkaufen 126
Essen und Trinken 126
Feiertage 128
Festivals und Events 128
Klima und Reisezeit 130
Kultur live 130
Sport und Aktivitäten 130
Statistik 133
Unterkunft 134
Verkehrsmittel im Land 135

Sprachführer   136

Spanisch für die Reise

Register   141

Impressum 143
Bildnachweis 143

Leserforum

Die Meinung unserer Leserinnen und Leser ist wichtig, daher freuen wir uns von Ihnen zu hören. Wenn Ihnen dieser Reiseführer gefällt, wenn Sie Ergänzungs- und Verbesserungsvorschläge, Tipps und Korrekturen haben, dann kontaktieren Sie uns bitte:

**Redaktion ADAC Reiseführer
Travel House Media GmbH
Grillparzerstr. 12, 81675 München
adac.reisefuehrer@travel-house-media.de**

Kuba Impressionen
Salsa, Cuba libre und Compañeros

»Besame, besame mucho« (Küss mich, küss mich innig). Wer je in Kuba die karibischen Nächte nach diesem Evergreen voller Abschiedsschmerz durchgetanzt hat oder sich vom Rhythmus der Rumba verführen ließ, wird immer wieder hierher zurückkehren. Kuba ist ein Land voller **Musik**, schon nachmittags klimpert der Pianist in der Hotelbar und sobald die Sonne untergegangen ist, bringen Salsa-Bands auf Terrassen, an Pools und in Kneipen das Nachtleben in Schwung. Spätestens beim Besuch eines der traditionellen Musikklubs der Insel oder des weltberühmten **Cabaret Tropicana** in Havanna springt dann der karibische Funke auch auf die Fremden über!

Die Musik hilft den Kubanern, ihren postsozialistischen Alltag mit all seinen Schwierigkeiten zu ertragen – wenn es sein muss mit leiernden Klängen aus dem tragbaren CD-Spieler, weil der Strom im Lande des *Socialismo Tropical* mal wieder abgeschaltet ist. Die Musik bezaubert auch die Reisenden und nach zwei Wochen Urlaub können die meisten von ihnen die kubanischen Hits und Klassiker mitsingen. Aber von den Schattenseiten dieses exotischen Landes voller fröhlicher Töne und Stimmen werden sie eher wenig spüren, schon gar nicht in den Luxushotels von Havanna oder in Touristenzentren wie **Varadero** mit ihren komfortablen All-inclusive-Anlagen an kilometerlangen feinen Sandstränden.

Havannas grandiose Architektur
Die Kapitale **La Habana** empfängt ihre ausländischen Gäste mit vielen gediegenen *Hotels* und stimmungsvollen *Restaurants*, zahlreiche *Bars* locken mit exquisiten Rumcocktails, die einst Ernest Hemingway 20 Jahre lang hier festhielten. Havanna prahlt darüber hinaus mit einer der schönsten kolonialen Altstädte der Americas: **La Habana Vieja** mit ihren imposanten Forts und Barockkirchen, prächtigen *Palästen* und Villen, den monumentalen Bogengängen und herrlichen *Plätzen* wurde inzwischen an vielen Stellen ordentlich herausgeputzt. Die marmornen Säulen, bauchigen Balustraden, ornamentierten Gesimse und figurengeschmückten Fassaden strahlen im frischen Teint. 500 Jahre Geschichte sind hier mithilfe der UNESCO wieder zum Leben erweckt worden und das Ambiente wirkt so real, dass niemand sich wundern würde, käme in einer der kopfsteingepflasterten Gassen plötzlich ein gewisser

Oben: *Strahlend – die Angestellte einer Zigarrenfabrik mit einem Bündel zukünftiger ›Romeo y Julieta‹ im Arm*
Rechts: *Wasser, Palmen, Ferienstimmung – am Strand von Bacuranao*
Rechts oben: *Havanna ist reich an Architekturdetails aus der Vergangenheit*

Christoph Kolumbus um die Ecke geschlendert. Am 28. Oktober 1492 betrat er erstmals Kuba und wähnte sich bekanntermaßen in Indien: »Das ist das schönste Land, das menschliche Augen je gesehen haben«, schwärmte der Entdecker.

Perle der Karibik

Auch wenn der Große Admiral zeitlebens nichts davon erfuhr, Kuba liegt mitten in der Karibik – mit allem, was dazugehört: Mehr als **300 Strände** blenden mit meist weißem, puderfeinem Sand, über dem die Kokospalmen Schatten spenden, das Meer leuchtet türkis-grün-blau bis zum Horizont. Kuba ist die größte Insel der Antillen mit Tausenden kleinerer **Cayos**, die vor der insgesamt 5700 km langen Küste im Karibischen Meer und im Atlantischen Ozean schwimmen. Vielfarbige **Korallenriffe** sind Kuba vorgelagert, sie zählen zu den besten Tauchrevieren der Karibik. Die Bahamas, die Dominikanische Republik, Jamaika und Florida sind nur einen Katzensprung entfernt und von den höchsten Bergen der alten Zuckerinsel bei

Paradiesische Landschaften

Kubas überaus fotogene Landschaft wird im Inselzentrum mit seinen riesigen Ebenen von **Zuckerrohr- und Tabakfeldern** dominiert, dazwischen sieht man Palmen- und Guavenhaine, riesige Apfelsinen- und Mangopflanzungen, Ananas- und Bananenplantagen. Kubanische Cowboys mit Strohhüten, die *Vaqueros*, treiben ihre *Rinderherden* über die scheinbar endlosen Weideflächen und manchmal sogar über die Autobahn, und dann heißt es aufgepasst – denn so ein Zebu-Stier hat schon in manchem Auto eine dicke Beule hinterlassen.

Kuba kann man heutzutage bequem auf eigene Faust erkunden. Im **Westen** des Landes liegt die Provinz Pinar del Río und bezaubert mit einer Naturkulisse wie aus dem Bilderbuch: Bizarre Kalksteinhügel, die *Mogotes*, bevölkern das Tal von **Viñales** – buckligen Riesen gleich, die über ein Mosaik aus kupferroter Erde und

klarem Wetter sogar zu sehen. Kuba, *La Isla Grande*, ist voller exotischer Naturschönheiten. Eines der vielen Wahrzeichen ist die majestätische **Palma real**, die *Königspalme*, mit ihrem kerzengeraden Stamm und der eleganten grünen Blattkrone. Als Nationalbaum schmückt sie Kubas Staatswappen. Und dann betört die Nationalblume **Mariposa**, die Schmetterlingslilie. Der Reisende wird sie ab und zu wahrnehmen, sehenden Auges oder mit der Nase: Das Ingwergewächs war während der beiden Unabhängigkeitskriege des 19. Jh. das Symbol der Patrioten, heute bildet es den Grundstoff für ein verführerisches Parfüm.

Oben: *Im Banne der schönsten Buckelberge – das berühmte Valle de Viñales im Westen*
Mitte rechts: *Havannas Cabaret Tropicana – heiße Rhythmen, fantasievolle Kostüme*
Mitte links: *Beschaulicher Job – Souvenirverkäuferin im malerischen Trinidad*
Links oben: *Ins kühle Nass – Klippenspringer vor dem Fort El Morro in Havanna*
Links unten: *Zwischen Heldenflagge und Jugendstilschönheit – Kinder in Alt-Havanna*

sattgrünen Kaffee- und Tabakpflanzen wachen. Aus dieser Region stammen die weltberühmten **Zigarren**, die Cohibas, Montecristos und Romeo y Julietas. Die Tabakfabriken stehen auf jedem Sightseeing-Programm, doch die malerische Gegend mit ihren kühlen Wäldern, geheimnisvollen Tropfsteinhöhlen und rauschenden Wasserfällen zieht auch viele Wanderer, Kletterer, Radfahrer und Vogelbeobachter an.

Je weiter der Reisende ostwärts in den **Oriente** vordringt, desto tropischer und wilder präsentiert sich das karibische Land. Der äußerste Ostzipfel Kubas um das Städtchen **Baracoa** ist die regenreichste Region Kubas. Ein Rest immergrünen *Regenwaldes* im bergigen **Parque Nacional Alejandro de Humboldt** gehört zum UNESCO-Weltnaturerbe. Aber auch wüstenähnliche *Trockenzonen* mit Agaven und Kakteen liegen gar nicht weit entfernt. Ein Höhepunkt im wahrsten Sinne ist die Landschaft um den höchsten Gipfel Kubas, den *Pico Turquino* (1974 m) in der **Sierra Maestra**. Das Gebirge wächst dramatisch steil aus dem Meer empor, die leider seit Jahren stellenweise durch Hurrikans arg ramponierte Küstenstraße zwischen Marea del Portillo nach Chivirico ist eine der reizvollsten Routen im Land. Kein Wunder, dass die wildschroffe Gebirgskette in den 1950er-Jahren als Unterschlupf für die *Rebellen* um Fidel Castro diente. Doch der Osten gilt ohnehin als die aufmüpfigste Ecke Kubas. Hier fanden im Laufe der Jahrhunderte fast alle entscheidenden Befreiungskämpfe statt – gegen die spanischen Kolonialherren und Sklavenhalter, gegen Diktatoren und Yanquís. In **Santiago de Cuba**, der Hauptstadt der Region, rief Castro 1959 auf dem blauen Balkon des heute berühmten Rathauses die sieg-

Oben: *Romantisch – rotglühender Sonnenaufgang in den Topes de Collantes*
Unten: *Bauernidyll bei Viñales – Ernte mit urtümlich anmutendem Ochsenwagen*
Rechts oben: *Teamwork mit Hingabe – zwei Männer bei der Oldtimer-Wäsche*
Rechts unten: *Bunter Spielkreisel – dynamische Tanzchoreografie im Tropicana, Santiago*

reiche **Revolution** aus. Santiago gehört auch zu den sieben *Villas*, wie die Kubaner ihre ersten Siedlungen aus dem frühen 16. Jh. nennen – heute manchmal leicht morbidem Flair, aber immer voller kolonialem Charme. Den bietet auch das reizende Städtchen **Trinidad** an der zentralen Südküste mit seinen verwinkelten Gassen, dem Stadtpalais mit hohen Fenstern, hinter deren schönen Gittern sich die Bewohner heute lässig auf dem alten Mobiliar lümmeln und im Kreise der ganzen Großfamilie sich zum gemütlichen Fernsehabend einfinden.

Von Kolonisatoren und Heiligen

Die Geschichte Kubas handelt freilich nicht nur von wagemutigen Seefahrern, glorreichen Entdeckern und heldenhaften Guerilleros. Die indigene Bevölkerung war kaum 50 Jahre nach Landung der goldhungrigen spanischen **Konquistadoren** fast ausgerottet. Hunderttausende aus Afrika importierte **Sklaven** ersetzten sie als Arbeitskräfte in den Zuckermühlen und Tabakmanufakturen, die die königliche Kasse Spaniens lange Zeit füllten. Ihre Nachfahren, Schwarze und Mulatten, leben heute überwiegend im Osten. Noch immer lebendig sind die Götter der Sklaven: Die afrikanischen *Orishas* haben sich im Laufe der Jahrhunderte mit den katholischen Heiligen im **Santería-Kult** vereint, und so wird z.B. dem hl. Lazarus noch heute alljährlich Mitte Dezember ein Huhn oder gar ein Ziegenbock geopfert – damit im Leben des Spenders nichts mehr schief gehen kann. Je unsicherer die Zukunft in Zeiten von Wirtschaftskrisen und Naturkatastrophen, desto größer ist der Andrang von Schwarzen und Weißen bei den okkulten Priestern.

Socialismo Tropical

Aberglaube hat in der Politik nichts zu suchen, in Kuba allerdings sollen Propaganda und Fünfjahrespläne weiter über die längst ruinierte Wirtschaft hinwegtäuschen. Zwar sind die Errungenschaften des kubanischen Sozialismus bezüglich Bildung und Gesundheitsversorgung anerkennenswert. Doch so unübersehbar wie das Elend in den heruntergekommenen Mietskasernen in Kubas Städten

sind die Warteschlangen vor den staatlichen Peso-Läden mit leeren Regalen und die Durchhalteparolen am Straßenrand. Es bleibt abzuwarten, wie Kuba der Weg in die Privatwirtschaft gelingt. Denn das Land bleibt trotz aller Reformen der letzten Jahre planwirtschaftlich und staatlich gelenkt. Dessen ungeachtet gilt der 1967 in Bolivien hingerichtete **Che Guevara** noch immer als kubanischer Volksheld, auch wenn die Mehrzahl der Jugendlichen sich heute an Hip-Hop-Stars und Hollywood-Helden orientiert. Auch der 2008 zurückgetretene **Fidel Castro**, mit 49 Jahren Herrschaft der am längsten regierende Politiker des 20. Jh., wird von vielen Kubanern bewundert. Zugleich zeigt sich die Hoffnungslosigkeit vieler Bewohner immer wieder in waghalsigen Fluchtversuchen Richtung USA – selbst nach der Einführung der neuen Reisefreiheit im Januar 2013. Der US-Dollar hat rund 10 Jahre den Alltag der Kubaner regiert, 2004 wurde er vom *Peso convertible* (CUC) abgelöst. Für kubanische Pesos (CUP oder MN, Moneda nacional) bekommt man nicht einmal mehr ein Sandwich in einem Fast-Food-Laden.

Hätten die 11,2 Mio. Kubaner nicht ihre Musik und ihre unverwüstliche Lebensfreude, hätte die Regierung wahrscheinlich schon längst abtreten müssen. Und die jährlich rund 2,8 Mio. Touristen bringen nicht nur die begehrten Devisen ins Land, sie verstärken auch den politischen Wandel. Bleibt zu hoffen, dass er friedlich verläuft und der Karibik ein tropisches Paradies erhalten bleibt – ›**Cuba libre!**‹

8 Tipps für cleveres Reisen

1 Mit dem eigenen Rad durch Kuba

Die Zuckerinsel auf verkehrsarmen Straßen mit dem Drahtesel erkunden? Kein Problem! Die Fluggesellschaften nehmen Ihr Rad gegen eine recht geringe Gebühr mit. Das lohnt sich – denn mit bleischweren chinesischen Ungetümen ohne Gangschaltung wollen Sie sich sicher nicht abplagen. Besonders schön sind Touren in der bewaldeten Provinz ›Pinar del Río‹ (→ S. 41) und in der kühlen ›Sierra del Escambray‹ bei Trinidad (→ S. 64). Übrigens: Kubaner sind Radprofis und reparieren Ihnen alles in kürzester Zeit!

2 Ein Land, zwei Währungen

›CUC‹ ist die Abkürzung für konvertible Pesos, im Volksmund oft ›chavitos‹ genannt. Zwar soll das System der doppelten Währungen demnächst abgeschafft werden, aber das dürfte noch dauern. Touristen zahlen so gut wie alles in CUC. Wechseln Sie Ihr ausländisches Geld (fula) nie auf der Straße! Kuba-Neulingen werden oft Scheine mit nationalen Pesos angedreht, die fast wertlos sind. Sammlerstücke sind dagegen die 10-Pesos-Scheine von 1960/61, die von Che Guevara als Finanzminister unterschrieben wurden.

Edler Rauch 3

Selbst Nichtraucher kommen in Versuchung, in Havanna eine Kiste Zigarren zu erwerben, notfalls als Mitbringsel für Freunde. Aber Vorsicht: Die Zeiten, in denen man auf der Straße ›garantiert echte‹ Cohiba Esplendidos zum Schnäppchenpreis ergattern konnte, sind längst vorbei. Da können Siegel und Hologramme noch so authentisch wirken. Kaufen Sie lieber in den offiziellen ›Casas del Tabaco‹ – bei der Ausreise müssen Sie ohnehin die Rechnung vorlegen.

Rumba auf der Straße 4

Musik wird Ihren Urlaub auf Kuba begleiten. Noch immer ein heißer Tipp ist die afrokubanische ›Peña‹ auf der ›Callejón de Hamel‹ in Havanna (→ S. 36). Hier wird jeden Sonntag ab 12 Uhr bis zur Ekstase getrommelt und getanzt (Vorsicht Taschendiebe!). Die beste und authentischste Rumba unter freiem Himmel findet jeden dritten Freitag des Monats ab 16 Uhr auf der ›Plaza de la Vigía‹ in Matanzas (→ S. 54) statt. Achten Sie auf den Aushang des Museo Histórico Provincial!

5 Sand wie Diamantenstaub

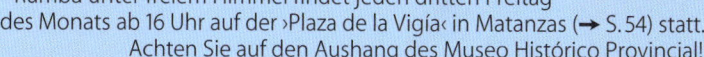

Als vielleicht schönster Strand Kubas gilt die von Dünen gesäumte ›Playa Pilar‹ auf Cayo Guillermo (→ S. 88) in der Provinz Ciego de Ávila. Kristallklares, türkises Meer und schneeweißer Sand, der glitzert wie Diamantenstaub. Das nächste Hotel ist erstaunlicherweise ganze 7 Kilometer entfernt, aber es fährt ein Bus von den Resorts auf Cayo Coco in das Paradies. In den Dünen gibt es ein gutes Bar-Restaurant, denn ein Traumstrand ohne kühle Daiquiris wäre dann doch nur etwas für harte Robinsons.

6 Die Sache mit dem Trinkgeld

Ein Job im Tourismus gilt auf Kuba als das große Los: Ein Zimmermädchen kann theoretisch mehr verdienen als ein Chefarzt, auch wenn das nicht viel heißen mag. Allerdings geht das nur mit Trinkgeldern, deshalb ein wichtiger Tipp: Drücken Sie der zuständigen ›Camarera‹ die ihr zugedachte Anerkennung stets persönlich in die Hand, nur dann darf sie es behalten. 2 CUC pro Tag wären nett. Das Geld, das Sie hingegen auf dem Nachttisch hinterlassen, kassiert der Staat.

7 Ein Cadillac zum Träumen

Vor dem Capitolio in Havanna (→ S. 30) stehen sie aufgereiht, die stolzen Besitzer von Cadillacs, Buicks und Chevrolets aus den 1950er-Jahren und laden zu einer Spritztour ein. Eine Fahrt zur Morro-Festung bei Sonnenuntergang – das schaffen die guten Oldsmobiles noch, doch für Überlandfahrten sollten Sie die chromblitzenden Gefährte lieber nicht buchen: Die Besitzer verbringen in der Regel mehr Zeit unter dem Auto als am Steuer.

Rum am Flughafen 8

Mit dem Kauf von gutem Rum können Sie getrost bis zur Ausreise warten, dann brauchen Sie die Flaschen nicht den ganzen Urlaub herumzuschleppen. Im Flughafenshop gibt es wirklich alles, vom billigen ›Paticruzado‹ bis hin zum 15-jährigen ›Havana Club‹. In Deutschland kaum zu bekommen und sehr preiswert ist der aus wildwachsenden Zwergguaven gebrannte starke Likör ›Guayabita del Pinar‹.

8 Tipps
für die ganze Familie

Piraten in der spanischen Festung

1 In den Morro-Festungen von Havanna (→ S. 23) und Santiago (→ S. 111) langweilen sich Ihre Kids bestimmt nicht. In der Festung von Havanna kann man den Leuchtturm besteigen oder von der ›Estación Semafórica‹ mit einem Fernrohr die ganze Stadt absuchen. Um 20.30 Uhr beginnt die Kanonenschusszeremonie mit Soldaten in historischen Kostümen. In Santiago guckt man durch Schießscharten auf die tiefblaue Bucht, und es gibt sogar ein Piratenmuseum (tgl. 8–19.30 Uhr, 4 CUC).

2 Spaß für Trockentaucher

Lust auf die Unterwasserwelt Kubas macht ›Aquaworld‹ in der Marina Chapelin von Varadero (→ S. 48). Nach einem Ausflug mit dem japanischen Halbunterseeboot ›Varasub‹, durch dessen durchsichtigen Rumpf man Fische beobachten kann, kriegen selbst wasserscheue Sprösslinge Lust auf eine Schnorcheltour. Besonders beliebt ist die Katamarankreuzfahrt ›Seafari Cayo Blanco‹. *Carretera de Las Morlas km 12,5, Tel. 045/66 75 50.*

3 Dinos im Valle de la Prehistoria

Hätten Sie geahnt, dass es bei Santiago de Cuba Dinosaurier gibt? Im ›Valle de la Prehistoria‹ (→ S. 114) bäumt sich mitten in der Landschaft ein Tyrannosaurus Rex auf, ein Apatosaurus watet durch einen Teich, und ein Pterodactylus breitet seine Schwingen aus. Aber was machen denn Mammuts und Säbelzahntiger hier, haben die sich im Zeitalter vertan? Egal, all diese furchterregenden Monster sind ohnehin nur aus bemaltem Zement.

4 Havannas Palast der Eiscreme

Wenn Sie Ihren Kindern im berühmten Pavillon von ›Coppelia‹ (→ S. 33) in Vedado (Calle 23, esq. a Calle O) einen großen Becher Eiscreme gönnen, machen Sie sie gleichzeitig mit kubanischer Realität vertraut. Denn während Habaneros, die mit nationalen Pesos zahlen wollen, oft stundenlang in glühender Hitze anstehen müssen, bekommen die Besitzer von CUCs ihre Kugeln sofort, werden dafür aber in einen sterilen Touristenbereich verbannt. Aber eigentlich ist das Eis in der kleinen Cafeteria ›Bim Bom‹ (Calle 23 y Infanta) ohnehin besser.

5 Mit Delfinen schwimmen

Die ›Delfinarios‹ auf dem Cayo Naranjo (→ S. 96) bei Guardalavaca (4 km südöstlich der Playa Esmeralda, Tel. 024/43 01 32, tgl. 9–21 Uhr) und in Varadero (Carretera Las Morlas, km 1,5, Tel. 045/66 80 31, tgl. 9–17 Uhr) sind so ziemlich das Aufregendste, aber auch Teuerste, was man seinem Nachwuchs während eines Kuba-Urlaubs bieten kann. Schwimmen mit den intelligenten Tieren kostet zwischen 50 und 70 CUC.

6 In Kubas Höhlenwelt

Nachwuchsspeläologen können Sie bei einer aufregenden Bootsfahrt auf dem ›Unterweltsfluss‹ San Juan in der Tropfsteinhöhle ›Cueva del Indio‹ (→ S. 45) bei Viñales begeistern. Mit einer Stirnlampe erforscht man die dunklen Abschnitte der mit ihren riesigen Stalagmiten, einem Unterwasserfluss und kristallglitzernden Wänden atemberaubenden ›Cuevas de Bellamar‹ (→ S. 54) bei Varadero. *Tel. 045/25 35 38, tgl. 9–17 Uhr, rund 8 CUC.*

7 Achterbahn auf der Kokosinsel

Mit chinesischer Hilfe wurde 2008 der alte, direkt am Meer gelegene Vergnügungspark ›Coney Island‹ in Havannas Stadtteil Playa zur recht ansehnlichen ›Isla de Coco‹ modernisiert. Die Fahrgeschäfte wie Achterbahn, Schiffschaukel, Karusselle, Riesenrad und Autoscooter werden ausländische Besucher an die Jahrmärkte der Kindheit in Kleinstädten erinnern. Dafür sind sie extrem preiswert, weil in nationaler Währung bezahlt wird. *Isla del Coco, Avda 5ta y 112, Playa, Havanna. Fr–So 12–20 Uhr.*

8 Bei Haien und Seelöwen

Das direkt am Meer gelegene ›Acuario Nacional‹ in Havanna ist ein echter Publikumsmagnet. In einem riesigen durchsichtigen Bassin schwimmen Haie. Kinder mögen besonders die mit Bällen jonglierenden Seelöwen und die Delfinshows. *Avenida 3ra, esq. Calle 62, Miramar, Havanna. Tel. 07/202 58 72, www.acuarionacional.cu, Di–So 10–18 Uhr, Erw. rund 10 CUC, Kinder 7 CUC.*

Unterwegs

*Koloniales Schmuckstück –
einer der schönsten Plätze Kubas
ist die Plaza Mayor in Trinidad*

Havanna und Trabanten – die Grande Dame der Karibik

Sprechen die Kubaner von ihrer Hauptstadt, so sagen sie **La Habana**. Trotz ihres hohen Alters von fast 500 Jahren ist diese karibische Dame noch immer voller Charme und Romantik. Ihre Liaison mit heißblütigen spanischen Eroberern, brandschatzenden Piraten und bärtigen sozialistischen Rebellen hat zwar Spuren hinterlassen, doch die Kubanerin ist mit Würde gealtert. La Habana inspirierte und verzauberte zahllose Dichter und Schriftsteller. *Ernest Hemingway* blieb gleich zwei Jahrzehnte in ihrer Nähe, und *Graham Greene* widmete ihr den Spionagethriller ›Unser Mann in Havanna‹. Viele Werke profitierten vom skandalösen Treiben und dem Glamour, der die Golden Twenties und Roaring Fifties bestimmte – als die *Mafia* Fuß fasste und die Bars und Bordelle der Stadt beherrschte. Den Mafia-Bossen folgten Hollywoodstars und Diktatoren, Guerrileros aus dem Dschungel und Möchtegern-Revoluzzer aus dem Westen. Havanna

1 Havanna

Die atemberaubende Stadt, die größte der Antillen, erzählt vom Glanz der Vergangenheit und den Entbehrungen des Heute.

Havanna liegt am *Río Almendares* an Kubas Nordküste und schmiegt sich in die *Bahía de La Habana*. Die Stadt mit ihren 2,2 Mio. Einwohnern ist das politische, wirtschaftliche und kulturelle Zentrum der Zuckerinsel, ist Sitz des Politbüros, berühmter Theater und Opernhäuser. Die UNESCO hat 1982 die dem Verfall preisgegebene Altstadt, die 500-jährige **Habana Vieja,** zum schützenswerten Weltkulturerbe erklärt und in ihr Restaurierungsprogramm aufgenommen. Weiter westlich liegen die Neustadt mit dem Bezirk **Centro** und das überwiegend moderne Hotelviertel **Vedado**.

Beim Bummel durch die Gassen und über die Plätze zeigt sich Habana Vieja von seiner für Besucher besonders attraktiven Seite, mit den kleinen Bars und Cafés, wo Bands Son und Salsa intonieren, mit interessanten Museen und prachtvollen Hotels. Aber der aufmerksame Besucher sieht auch das typisch kubanische Erscheinungsbild, die verfallenen Prachtbauten und verlassenen Baustellen, Men-

La Habana in rotgoldenem Licht – Blick über die Hafenbucht auf die Altstadt

Plan S. 20, 33   1 Havanna

war zur Lasterhöhle der Karibik verkommen. Dann gab Fidel Castro den Kubanern ihre Metropole zurück: In die Kasinos zogen die Werktätigen und ›Helden der Arbeit‹ ein, für die Alten entstanden Treffpunkte und Klubs in prachtvollen Herrschaftshäusern, Jugendstilvillen wurden zu Kindergärten. Die Slums wurden dem Erdboden gleichgemacht und durch Plattenbausiedlungen ersetzt. Nur fürs ›Make-up‹, für die Restaurierung, fehlte von nun an das Geld.

An nicht wenigen Ecken wirkt Havanna heute morbide, verwittert und heruntergekommen. Um jede andere Stadt mit solch einem Erscheinungsbild würden Reisende einen weiten Bogen machen. Nicht um La Habana! Liegt es an der Salsa, die aus den einsturzgefährdeten Hauseingängen schallt? Am Klima, der frischen Brise vom Atlantik, die ständig über den **Malecón**, die beliebte Uferpromenade, weht? Am Macho-Charme der Kubaner, an der Sinnlichkeit der Frauen? Oder an der scheinbaren Unbekümmertheit der *Habaneros*, die sich von keiner Krise unterkriegen lassen? Seit mehreren Jahren wird an der Wiederbelebung La Habanas gearbeitet. Einige Prunkbauten und Adelspaläste in der Altstadt und an der einstigen Prachtstraße **Prado** wurden vorbildlich restauriert. Wie Havanna aussehen könnte, wenn mehr Geld vorhanden wäre, sieht man im südwestlichen Stadtteil **Miramar:** Dort sind traumhafte Villen und Art-déco-Schlösser von ausländischen Firmen und Botschaften wieder hergerichtet worden und strahlen in allen Bonbonfarben. Attraktionen außerhalb der Metropole sind das **Museo Hemingway** und die breiten Strände der **Playas del Este**.

schenschlangen vor trostlosen *Peso*-Läden, den staatlichen Lebensmittelgeschäften, und urige Familienrestaurants *Paladares*. Man beobachtet Frauen beim Wäscheaufhängen auf gusseisernen Balkonen, Straßenhändler mit frittierten Bananen und Mais, Rechtsanwälte auf der Suche nach Kunden – in Ausübung ihres Zweitberufs als Rikschafahrer, weil sie als Juristen im Monat umgerechnet keine 22 € verdienen. Doppelleben auf kubanisch – nirgendwo ist es allgegenwärtiger als in der Hauptstadt. Der Kontrast aus Kolonialarchitektur und den protzigen Denkmälern des Tropen-Sozialismus, aus verschwiegenen Gassen und lauten Nachtklubs mit spärlich bekleideten Tänzerinnen, dazu Lebenskünstler an allen Ecken, all das macht die Stadt unwiderstehlich. La Habana lebt – und wie!

Geschichte Im November 1519 gründeten die Spanier **San Cristóbal de La Habana** an der Nordküste, im Bereich der heutigen Plaza de Armas. Die flaschenhalsförmige Bucht von *Carenas*, heute Bahía de La Habana, war der ideale geschützte Naturhafen, der bald zahllose Seeleute, Händler, Wirte und leichte Mädchen anzog. Die spanische Krone nutzte ihn als Sammelstation ihrer gold- und silberbeladenen Galeeren aus Mexiko und Peru, ehe von hier die Heimfahrt im sicheren Konvoi angetreten wurde. Siedlung und Bewohner profitierten davon

Havanna

Vor dem Hotel Nacional verkehrten schon in den 1930er-Jahren beachtliche Limousinen

derart, dass der spanische Gouverneur 1553 seinen Sitz von Santiago de Cuba im Osten nach Havanna verlegte.

Die neue **Hauptstadt** Havanna wurde in den folgenden beiden Jahrhunderten zum Dreh- und Angelpunkt der Schifffahrt in der Neuen Welt, die erste Werft Lateinamerikas baute hier Handels- und Kriegsschiffe. Schon ab Mitte des 16. Jh. überfielen Piraten wiederholt die prosperierende Stadt. Die zur Gegenwehr errichteten **Castillos** und **Fortalezas** erinnern bis heute an jene Piratenära. Um 1700 war La Habana eine der größten und reichsten Städte der Region. Hier trafen sich Siedler aus allen europäischen Ländern, darunter waren Abenteurer und Schmuggler ebenso wie Architekten, Bildhauer, Adelige und Geistliche.

Während des Krieges zwischen Spanien und England eroberte die britische Flotte 1762 Havanna, doch schon ein Jahr später erhielten die Spanier im Tausch gegen Florida die Stadt zurück. Der Ende des 18. Jh. einsetzende Zuckerboom bescherte der Stadt großen Reichtum und Havanna schmückte sich mit Prachtbauten und eleganten Flaniermeilen.

Die Explosion des US-Schiffes ›Maine‹ im Hafen von Havanna 1898 lieferte den **USA** den Vorwand, Spanien den Krieg zu erklären. In dessen Verlauf wurde die Kolonialmacht aus Kuba vertrieben. Die Amerikaner setzten fortan ihre wirtschaftlichen Interessen auf Kuba durch und Havanna entwickelte sich ab den 1920er-Jahren zu ihrer bevorzugten Spiel-

Ein Trio für die Sinne – gefühlvolle Musik, flotter Service und schöne Altstadt-Kulisse

Drei Grazien am Brunnen – kubanische Schönheiten in ihren spanisch inspirierten Trachten

wiese. Bordelle, Kasinos und Nightclubs schossen an allen Ecken aus dem Boden. Die einheimische Bevölkerung jedoch blieb arm und ihr wachsender Unmut gipfelte in der **Revolution** von 1959. Diese machte der Glitzerwelt den Garaus, gleichzeitig kümmerte sich aber auch niemand mehr um den Erhalt von hochherrschaftlichen Gebäuden, Parks und Platzanlagen. Heute tragen der Tourismus und die UNESCO zur Sanierung mancher Straßenzüge der dem Verfall preisgegebenen Metropole bei. In dieser kontrastreichen Kulisse jedoch blüht das öffentliche Leben Havannas mit all seiner Daseinsfreude und Geselligkeit.

Mit Wellengang und Gischt effektvoll inszeniert – das Castillo de los Tres Reyes del Morro

Plan S. 20, 33 **1** Havanna

Von der Fortaleza de San Carlos de la Cabaña genießt man den Blick auf die Skyline Havannas

Imposante Festungen

Am ersten Tag in Havanna bietet sich ein Besuch der östlichen Seite der *Bahía de La Habana* an. Vom Parque de los Mártires führt ein Autotunnel unter der Hafeneinfahrt hindurch zum Hügel *Loma Cabaña*. Malerisch thront hier das **Castillo de los Tres Reyes del Morro** ❶ (tgl. 8–20 Uhr) über der Bucht mit schönem Blick auf die Stadt. An der äußersten Spitze des mauerbewehrten Bollwerks erhebt sich eines der Wahrzeichen Havannas, der *Leuchtturm* von 1845. Er ist der älteste Kubas. Im Eingangsgewölbe erzählt eine *Ausstellung* die Geschichte der Burg, die 1589 errichtet und bis 1630 mehrfach erweitert wurde. Die Kolonialherren glaubten lange an die Uneinnehmbarkeit von El Morro, ließen nachts lediglich eine Eisenkette über die Bucht zum gegenüberliegenden *Castillo de La Punta* spannen und wähnten sich in Sicherheit. Doch 1762 konnten die Engländer die Festung knacken und Havanna fast ein Jahr lang besetzen. In den 1940er- und 1950er-Jahren, während der Regierungszeit Batistas, diente das Gemäuer als Gefängnis.

 Ein kurzer Spaziergang südwärts entlang der Bucht führt zur **Fortaleza de San Carlos de la Cabaña** ❷ (tgl. 10–22 Uhr), die noch heute teilweise als Militärkaserne genutzt wird. Das 1763– 74 erbaute Fort, eine der größten Festungen des amerikanischen Kontinents, hat 14 Mio. spanische Pesos verschluckt. Sein spanischer Namens- und Geldgeber König Carlos III. soll damals verwundert nach einem Fernglas verlangt haben, denn »bei solch einer Summe müsste man das Fort von Madrid aus sehen können!«

Heute faszinieren die restaurierten Gebäude mit rosa Kacheln auf groben Felsquadern, die kopfsteingepflasterten Gassen, die Burgzinnen, Fackellaternen und Kanonen. Die Festung beheimatet ein Museum mit mittelalterlichem Kriegsgerät, eine Kapelle, verschiedene Restaurants und das kleine *Museo Che Guevara*, dort wo der argentinische Rebell sein Hauptquartier im Januar 1959 aufgeschlagen hatte: In drei Räumen mit Fotos, persönlichen Gegenständen und dem *Comandancia*-Büro wird Ches Werdegang dokumentiert. In der Burg findet allabendlich um 21 Uhr die Kanonenschuss-Zeremonie statt. Im 18. Jh. verkündete dieser *Cañonazo* das Signal zum Schließen der neun Stadttore. Gleichzeitig wurde die der Abriegelung der Bucht dienende Eisenkette hochgezogen. Pferdekutschen, Trommelwirbel, salutierende Soldaten mit Säbeln und einige Burgfräuleins sind Zutaten dieses kolonialen Freiluftschauspiels mit anschließender Salsa auf der Wiese im Innenhof.

Fröhliche Farben prägen die Kolonialarchitektur in La Habana Vieja, hier an der Calle Oficios

La Habana Vieja

Die UNESCO zählte 1982 in Havannas Altstadt mehr als 900 erhaltenswerte Gebäude. Einige davon stammen noch aus dem 16./17., die meisten jedoch aus dem 18./19. Jh. Zwischen Plaza de la Cathedral im Norden und Plaza de San Francisco im Süden gibt es allenthalben prächtig restaurierte Paläste, Kirchen und Wohnhäuser zu bewundern. Das historische Herz Havannas schlägt an der **Plaza de Armas** ❸. Sie ist der älteste Platz der Stadt und wurde vor rund 500 Jahren vom ersten spanischen Gouverneur, Diego Velázquez, als Exerzier- und Paradeplatz der königlichen Truppen angelegt. Doch nicht Velázquez, sondern der Nationalheld *Carlos Manuel de Céspedes* (1819–1874), der 1868 den ersten Unabhängigkeitskampf begann, hat heute inmitten der kolonialen Kulisse einen Ehrenplatz. Seine Statue steht im Grünen, gerahmt von mächtigen Königspalmen. Die Plaza säumen ehrwürdige Paläste des 18. Jh. mit Museen, Cafés und kleinen Geschäften.

<small>TOP TIPP</small>

Überquert man die Plaza Richtung Hafeneinfahrt trifft man linker Hand auf das kleine **Castillo de la Real Fuerza** ❹ (1558–78), das älteste Fort Kubas und eines der ältesten Lateinamerikas. Ein breiter Wassergraben lässt die perfekte Symmetrie des Baus mit den spitzen Winkeln und wuchtigen Wehrtürmen an den Ecken eindrucksvoll zur Geltung kommen. Vom 16. bis Mitte des 18. Jh. residierten im Fort die spanischen Gouverneure. Heute beherbergen die Gemäuer das *Museo de Navegación* (Schifffahrtsmuseum, tgl. 9–18 Uhr) mit Schatz- und Waffenkammer sowie diversen Schiffsmodellen.

Nahebei erhebt sich eine kleine Kirche in neoklassischem Baustil. **El Temple** ❺ wurde 1828 an jener Stelle errichtet, wo die Stadtväter im November 1519 die erste Messe zur Gründung Havannas unter einem Kapokbaum abhielten. Dieses Fest ist auf einem der drei *Gemälde* des französischen Malers Jean Baptiste Vermay (1786–1833) im Inneren dargestellt. Bei den alljährlichen Feiern zum Gründungstag umrunden die Habaneros dreimal den Nachfolger des heiligen Baums sowie die an den Gründungsakt erinnernde Säule im Kirchhof. Was dabei gewünscht wird, soll in Erfüllung gehen.

Den Prachtbau daneben, den **Palacio del Conde de Santovenia** ❻, bewohnte einst der lebenslustige Graf Santovenia. Sein Anagram CSV ist noch immer an den Balkongittern zu finden. Der Palast aus dem späten 18. Jh. fungiert seit 1867 als eines der ersten Hotels Havannas, heute unter dem Namen *Santa Isabel* (www.hotelsantaisabel.com).

Ein barockes Schatzhaus

<small>TOP TIPP</small> Gegenüber flattert die kubanische Flagge über dem Stadtmuseum **Museo de la Ciudad** ❼ (Di–So 9.30–18 Uhr), das mit seiner Fülle an hochinteressanten Objekten das Herz eines

Kubas Geschichte erleben – Museo de la Ciudad im Palacio de los Capitanes Generales

jeden historisch Interessierten höher schlagen lässt. Allein das Gebäude, in dem die Sammlung untergebracht ist, atmet den Geist der Geschichte, handelt es sich hierbei doch um den **Palacio de los Capitanes Generales** (1776–91), einen barocken Prachtbau mit schattigem Arkadengang hinter mächtigen Säulen. Mehr als 100 Jahre lang diente er den spanischen Gouverneuren als Residenz, 1898–1902 folgten die Vertreter der US-Regierung und bis 1920 die ersten Präsidenten der Republik Kuba.

Die 48 Räume der Ausstellung gruppieren sich auf zwei Etagen um den verwunschen wirkenden *Patio* mit tropischem Pflanzenschmuck, einem Pfauenpaar und einer Kolumbus-Statue in seiner Mitte. Im **Erdgeschoss**, gleich rechts des Eingangs, ist die stadtberühmte *La Giraldilla* im Original zu bewundern: Die Bronzefigur von 1631 in spärlichen Gewand einer Siegesgöttin mit Königspalme und Calatrava-Orden in Händen ist der Gattin des Gouverneurs *Hernando de Soto* nachempfunden. Sie hielt im 16. Jh. vom Turm des Castillo de la Real Fuerza nach ihrem reisefreudigen Mann Ausschau – vergeblich, denn er kam von seinen fernen Abenteuern in Florida nicht mehr zurück. Gezeigt werden außerdem Droschken, eine Feuerwehrkutsche und das Modell einer alten Zuckerfabrik.

Im **1. Stock** geben der für den spanischen König eingerichtete *Salón del Trono* (Thronsaal) und die anderen porzellan- und goldgeschmückten Salons ein anschauliches Bild vom Prunk der Kolonialzeit. Allein das *Badezimmer* der Gouverneure mit muschelartigen Wannen aus Carrara-Marmor und ausladenden Kristalllüstern lässt Besucher noch heute staunen. Im Empfangsraum *Salón Blanco* und dem Ballsaal *Salón de los Espejos* (Salon der Spiegel) kann man sich lebhaft die einstige elitäre Szenerie vorstellen, etwa als hier am 20. Mai 1902 der erste Präsident der Republik ernannt wurde.

Die Räume gegenüber sind der militärischen Geschichte und den Unabhängigkeitskriegen gewidmet. Spanische Uniformen, die erste Fahne Kubas von 1850 und Waffen aller Gattungen, darunter eine lederne Kanone und eine Krupp-Kanone, wurden hier zusammengetragen. *Gemälde* illustrieren das revolutionäre Geschehen, z. B. die Schlacht, in der der Mulatten-General Antonio Maceo 1886 den Tod fand, sowie Porträts von Carlos Manuel de Céspedes und dem jugendlichen Fidel Castro.

Südlich der Plaza de Armas

Einem einzigartigen Freilichtmuseum gleichen die winkligen Gassen und Plätze der Altstadt. In der **Calle Jústiz** ❽, schallt Musik aus dem *Caserón del Tango*, wo fast immer ein Sänger sein Bestes gibt und jeden Freitag und Mittwoch nachmittags Tango tanzende Habaneros anzutreffen sind. Gegenüber klingt Salsa aus dem Theater *Casa de la Comedia* (Tel. 07/ 863 92 82) – hier lernen Ausländer heute

Possierlich – Flaneure vor dem hübschen Löwenbrunnen der Plaza de San Francisco

ihre Hüften im Rhythmus der Musik zu schwingen. Die *Casa del Café* und *Casa del Rón* laden in der **Calle Baratillo** ❾ zu Einkehr und Einkauf von Kaffee, Rum und Tabak. Ein beliebtes Fotoobjekt ist der marmorne Löwenbrunnen (1836) auf der schön restaurierten **Plaza de San Francisco** ❿ am Hafen. Dominiert wird der Platz im Norden von der kuppelbekrönten Handelskammer, *Lonja del Comercio* (1909), und von der *Iglesia y Monasterio de San Francisco de Asís* (1783) im Süden. Im barocken Gotteshaus können die Schätze des *Museo de Arte Religioso* (Mo–Sa 9–17 Uhr), darunter Gemälde, Skulpturen und liturgische Gefäße bewundert werden. Das kleine *Museo de Automóvil* (tgl. 9–18.30 Uhr) in der **Calle Oficios** ⓫ präsentiert wunderschöne Chevrolets, Buicks, Cadillacs und Rolls-Royce. Ideal für einen Zwischenstopp und eine spanische Paella ist der schattige Patio des winzigen, pittoresken *Hostal Valencia*. Unweit, in der *Fundación Havana Club*, ist das **Museo del Ron Havana Club** ⓬ (Avenida del Puerto, auch Calle San Pedro esq. a Calle Sol, tgl. 9–17.30 Uhr, Bar und Restaurant bis Mitternacht Tel. 07/861 80 51) ansässig. Es gibt einen informativen Einblick in die Welt der Rum-Produktion, in der dazugehörigen Bar kann das Feuerwasser natürlich auch probiert werden.

Gleichfalls lohnend ist der Besuch des Museums *Casa de Africa* (Di–Sa 10.15–17.45, So 9.15–12.45 Uhr) in der **Calle Obrapía** ⓭. Die engagierte Ausstellung zur afrokubanischen Kultur und Religion zeigt Musikinstrumente, Schnitzereien, Kleidung, Voodoo-Puppen sowie Altäre verschiedener Kulte und Sekten.

Eine der quirligsten Straßen der Altstadt ist die **Calle Obispo** ⓮, die von der Plaza de Armas nach Westen Richtung

Mitteilsam – selbst der Patio der Bodeguita del Medio wurde von Hemingway-Fans bekritzelt

Plan S. 20, 33 **1** Havanna

Touristen vor der Catedral de La Habana: Wer sucht, der findet – ein schattiges Plätzchen

Parque Central führt. Viele Besucher zieht es ins rosafarbene **Hotel Ambos Mundos** ⑮ (Calle Obispo 153 esq. a Calle Mercaderes), denn im Eckzimmer Nr. 511 wohnte Ernest Hemingway 1932–39. Er schrieb hier einen Teil seines Romans ›Wem die Stunde schlägt‹. Sein Zimmer mit der originalen Schreibmaschine, einem Modell seiner Yacht ›Pilar‹ und anderen Memorabilien kann besichtigt werden.

Richtung Plaza de la Catedral

Nur ein paar Schritte weiter nach Norden in den Fußstapfen Hemingways und man findet sich in der berühmten **Bodeguita del Medio** ⑯ (Tel. 07/8671374) in der Calle Empedrado wieder – vorausgesetzt man möchte sich in die winzige, viel umschwärmte Bar mit Restaurant hineinquetschen, in der Hemingway am liebsten seinen *Mojito* [s. S. 127] trank. Diesem legendären Ruf folgten im Laufe der Jahrzehnte weitere illustre Gäste, u. a. Errol Flynn, Gabriel García Márquez, Brigitte Bardot und Harry Belafonte. Die Gäste dürfen sich nach dem Essen an den bekritzelten Kult-Wänden verewigen – doch selbst dafür ist der Platz knapp.

Gleich um die Ecke öffnet sich die **Plaza de la Catedral** ⑰ – der wohl reizvollste Platz Havannas mit arkadengeschmückten Kolonialbauten des 18. Jh., die heute Kunstgewerbeläden, Museen und Lokale beherbergen, darunter sind das Restaurant *El Patio* mit prachtvollem Loggienhof und das **Museo de Arte Colonial** ⑱ (Tel. 07/8626440, tgl. 9.30–17 Uhr), das kostbare alte Möbel und erlesenes Kunsthandwerk präsentiert.

Hauptanziehungspunkt der Plaza ist die barocke **Catedral de La Habana** ⑲ **TOP TIPP**. Der Bau wurde Mitte des 18. Jh. begonnen und zog sich fast drei Jahrzehnte hin, weil die Bauherren, die Jesuiten, 1767 per Dekret des spanischen Königs vertrieben worden waren. Zwei merkwürdig ungleiche Türme, der eine schlank, der andere breit und gedrungen, flankieren die mit doppelstöckigen Säulenordnungen gegliederte und mit auffallend gekräuseltem Architrav geschmückte *Fassade*.

Innen sind kristallene Kronleuchter, farbenfrohe Mosaikfenster, der Marmorboden, der marmorne *Hauptaltar* und Fresken des Italieners Giuseppe Perovani zu bewundern. Zwischen 1796 und 1898 ruhte hier der Leichnam, den man für den des *Christoph Kolumbus* hielt. Dieser wurde mit Ende der Kolonialherrschaft nach

Koloniale Wohnkultur – Patios, Rejas und Vitrales

Wer in Havanna, Trinidad, Cienfuegos, Santiago de Cuba, Sancti Spíritus oder Camagüey unterwegs ist, kann sich zwischen prächtigen Palästen und alten Herrenhäusern auf eine Zeitreise in die Kolonialepoche begeben. Die **barocken** und **klassizistischen** Bauten der Spanier stammen zumeist aus dem späten 18. und frühen 19. Jh. – inzwischen imitiert von mehreren modernen Hotelanlagen.

Neben den barocken und klassizistischen Elementen ist die spanische Kolonialarchitektur oftmals geprägt von maurischer Kunst, dem **Mudéjar-Stil**. Mit Mosaikkacheln als Wandschmuck oder Bodenbelag, orientalischen Ornamenten, islamisch inspirierten Kuppeln und vergitterten Erkern sowie schlüssellochförmigen Torbögen. Beste Beispiele sind der **Palacio de Valle** in Cienfuegos und die **Casa de Diego Velázquez** in Santiago de Cuba [s. S. 62, 107].

Die kubanische Architektur weist einige charakteristische Details auf. Die meisten Kolonialbauten besitzen beispielsweise an der straßenseitigen Front **Arkaden**, von Säulen getragene Bogengänge, die so miteinander verbunden sind, dass man ganze Straßenzüge entlang wandeln kann, ohne ein einziges Mal in die Sonne treten zu müssen (z. B. auf der Avenida Simon Bolivar in Havanna und in Cienfuegos). Typisch für die spanisch-kubanische Baukunst ist auch der **Patio**. Dieser meist üppig begrünte Innenhof verfügt häufig über einen Brunnen. Er ist im Parterre und im 1. Stock von Säulengalerien umgeben. Ursprünglich befanden sich unten die Geschäfts- und Wirtschaftsräume, oben wohnte die Familie. Insbesondere in Havanna, Trinidad und Santiago wurden viele Patios zu Cafés, Restaurants und Musikklubs umgestaltet.

Vor allem in Trinidad verbreitet sind die erkerartigen, bis zum Boden reichenden Gitter vor den hohen Parterrefenstern, **Barrotes** oder **Rejas** genannt. Es waren zunächst kunstvoll gedrechselte Holzgitter, sie wurden ab dem 19. Jh. durch fantasievolle Schmiedeeisengitter abgelöst. **Mamparas** nennen sich die halbhohen hölzernen Schwingtüren, sie dienen einerseits als Raumteiler, ermöglichen andererseits aber auch die erwünschte Luftzirkulation. **Persianas** sind bogenförmige Holzfenster mit zwei Flügeln, die mit strahlenförmigen, teils kippbaren Lamellen ausgestattet sind – um Schatten zu spenden und zur besseren Belüftung. Die Bogenfenster mit farbigem Glas und die halbrunden Türbögen mit strahlenförmigen Mosaiken heißen **Vitrales**. Das bunte Glas filtert die grelle tropische Sonne und zeichnet in den Innenräumen stimmungsvolle Farbmuster.

Sevilla überführt. Allerdings erhebt man auch in Santo Domingo, der Kapitale der Dominikanischen Republik, den Anspruch, die echten Gebeine des Entdeckers zu hüten.

Kubas Palast der Geschichte

Von der Plaza de la Catedral führt der Weg zur Uferpromenade Avenida del Puerto, der Verlängerung des Malecón. Ein paar Schritte weiter reitet in heroischer Pose General *Máximo Gómez* (1836–1905), Kämpfer des ersten Freiheitskrieges, über einen Platz. Die hohe Tambourkuppel dahinter bekrönt den einstigen Präsidentenpalast und Regierungssitz der Batista-Diktatur, ein üppiger Prachtbau (1913–17), der heute als **Museo de la Revolución** 20 (Refugio 1, entre Agramonte y Misiones, tgl. 10–17 Uhr) die stolze Geschichte Kubas präsentiert. Vor dem Entrée erinnert ein Panzer an die erste (niedergeschlagene) Attacke auf den Präsidentenpalast vom 13. März 1957. Hinter dem Museum ist in einem Glasbau die ›*Granma*‹ aufgebockt – jene Motoryacht, mit der Fidel Castro und 81 Compañeros 1956 aus dem mexikanischen Exil kommend an Kubas Südküste landeten, um Batista zu stürzen [s. S. 119]. Drumherum drapiert sind weitere Fahr- und Flugzeuge, die von den Revolutionären bei ihren Guerillakämpfen benutzt wurden.

Der *Rundgang* durch das Museum gleicht einer Zeitreise auf den Spuren der kubanischen Geschichte, angefangen von der Ausrottung der Ureinwohner durch die spanischen Konquistatoren über die Rebellionen der Sklaven und die beiden Befreiungskriege im 19. Jh. bis hin zur siegreichen Revolution gegen Batista im **2. Stock**. Waffen und persönliche Gegenstände der Guerilleros füllen die Schaukästen, darunter das blutgetränkte Hemd Che Guevaras und eine von Fidels Lieblingszigarren. Und schließlich springen aus einem Dickicht Che Guevara und Camilo Cienfuegos hervor – beide aus Wachs. Im **1. Stock** wird die jüngere Geschichte Kubas seit der Revolution dargestellt, etwa die sozialistischen Errungenschaften in Medizin und Erziehung, und der Kampf gegen die ›Imperialisten‹ der Welt.

Im nahen modernen *Palacio de Bellas Artes* mit schönem begrünten Innenhof zeigt das **Museo Nacional de Bellas Artes** 21 (Calle Trocadero, entre Zulueta y Monserrate, Di–Sa 10–18, So 10–14 Uhr) die *Colección de Arte Cubano* mit interessanten Werken von der Kolonialzeit bis zur Kunst des 19. und 20. Jh. Zwei Blocks weiter präsentiert das Nationalmuseum im eindrucksvoll restaurierten *Centro Asturiano* den zweiten Teil seiner Sammlungen, die *Colección de Arte Universal*. Neben zahlreichen Exponaten aus Nord- und Südamerika sowie aus Asien gibt es hier auch europäische Meisterwerke von Künstlern wie Pieter Brueghel, Francisco de Goya, Peter Paul Rubens, John Constable und Canaletto zu bewundern. Die Archäologische Abteilung zeigt antike Kunst aus Ägypten, Griechenland und Exponate aus dem römischen Imperium.

Kontrastprogramm – das Museo de la Revolución im einstigen Palast des Diktators

Havanna

Hoch hinaus mit Hochprozentigem – das durch Rum finanzierte Edificio Bacardí

Auf dem Weg zwischen beiden Museen bleibt man stehen, um das prachtvolle **Edificio Bacardí** 22 zu bewundern. An seinem Turm mit der bronzenen Fledermaus auf der Spitze kann man es gleich erkennen. Der einstige Hauptsitz des Rum-Imperiums der Familie Bacardí mit einem Mirador-Aussichtsturm gilt als eines der schönsten und auffälligsten Art-decó-Bauwerke der Stadt.

Blick über den Parque Central mit Centro Asturiano (re.) in Richtung Calle Obispo

Centro

Folgt man dem **Prado** 23 (auch Paseo de Martí) – einer vom Malecón südwestwärts führenden Prachtstraße mit erhöhtem Fußgängerboulevard in der Mitte, gesäumt von steinernen Löwen, Bänken und Schatten spendenden Bäumen – ist bald der **Parque Central** mit dem Denkmal des Freiheitshelden *José Martí* erreicht. Ein Reigen hochherrschaftlicher Bauten rahmt den Platz und seine Boulevards: das mit Türmchen und geflügelten Figuren besetzte **Gran Teatro** 24 in einer wundervoll verschnörkelten Hülle aus Neobarock- und Jugendstilelementen sowie die Hotels *Plaza* und *Sevilla*, in letzterem spielt Graham Greenes ›Unser Mann in Havanna‹. Auch das neoklassizistische *Inglaterra*, die älteste Herberge Kubas, und das moderne Nobelhotel *NH Parque Central* sind hier zu finden. Doch die ganze Szenerie dominiert das strahlend weiße **Capitolio Nacional** 25 (tgl. 9–17 Uhr, wird derzeit renoviert) mit seiner 62 m hohen, säulenumkränzten Kuppel. Der Prunkbau aus hellem Kalksandstein (1926–29), eine Replik des Washingtoner Kapitols, beherrscht bis heute Havannas Stadtbild. Er war einst anfangs Sitz des Repräsentantenhauses und des Senats, heute der Akademie der Wissenschaften, des Umweltministeriums und der Nationalbibliothek.

Eine breite *Freitreppe*, flankiert von den Statuen der Arbeit und Gerechtigkeit, führt ins Gebäude. Die *Bronzetüren* am Eingang stellen die Geschichte Kubas dar: von Christoph Kolumbus und dem von Spaniern getöteten Indio Hatuey bis zum ungeliebten Diktator Gerardo Machado, dem Bauherren des Hauses, dessen Relief-Gesicht von aufgebrachten Studenten zerstört wurde. In der marmornen Kuppelhalle prunkt mit Schild und Schwert und gänzlich goldüberzogen, die 14 m hohe Bronzestatue *La República*. Am Boden davor markiert die Kopie eines *Diamanten* den Punkt, von dem aus alle Distanzen innerhalb Kubas gemessen werden. Man wandelt endlos lange Korridore entlang, besichtigt im Stil der italienischen Renaissance eingerichtete *Sitzungssäle* und die mit rund 3000 Werken aus Wissenschaft und Technik bestückte ehrwürdige *Bibliothek*: Die Bücher werden in zimmerhohen Mahagonischränken aufbewahrt. Marmorsäulen, Fresken und eine herrliche Mosaikdecke schmücken den runden *Parlamentssaal* im rechten Flügel.

Architektonische Schönheiten – Capitolio Nacional, Gran Teatro und Hotel Inglaterra (v.l.n.r.)

Malecón und Vedado

Über den Prado erreicht man die populärste Flaniermeile Havannas, den **Malecón** ㉖. Nirgendwo in der Stadt nagt der Zahn der Zeit schneller an der Bausubstanz als auf dieser berühmten Promenade mit ihren langen Kolonnadenreihen. 7 km führt die Küstenstraße von den Resten der im 16. Jh. errichteten Festung *Castillo de la Punta* westwärts bis zum winzigen Burgturm *La Chorrera* an der Mündung des Río Almendares, immer vorbei an den bröckelnden Fassaden. Die Wellen klatschen an vielen Tagen unerbittlich über die Kaimauer, der Ozean haucht seinen salzigen Atem gegen die Häuserfronten und frisst sich allmählich in die guten Stuben. Die einst farbenfrohen Gebäude scheinen sich vor den Naturgewalten zu ducken. Die Bewohner Havannas zieht es trotzdem zu ihrem Treffpunkt auf der Kaimauer an den *Straits of Florida*: Karneval, Jogging oder Inlineskating, Rendezvous oder Angelpartie – ganz Havanna genießt den morbiden Charme des Malecón.

Oldtimer-Parade vor dem klassizistischen Hotel Inglaterra, der ältesten Herberge Kubas

1 Havanna

Jugendlich und fidel – Castro in Öl im Museo de la Ciudad von Havanna

Im Pantheon kubanischer Revolutionsgeschichte

Als Sohn eines reichen Plantagenbesitzers wurde Fidel Alejandro Castro Ruz am **13. August 1926** im Osten Kubas geboren. Bereits im Jesuitenkolleg zeichnete er sich im Debattieren und im Sport aus, fiel aber auch schon durch sein rebellisches Wesen auf. An der Juristischen Fakultät in Havanna agierte er in den 1940er-Jahren als Studentenführer gegen die herrschende, korrupte Elite. Seine politische Leitfigur war der Nationalheld und Dichter **José Martí**. Durch dessen nationalliberale Gedanken zum Befreiungskampf gegen die spanische Kolonialmacht im 19. Jh. fühlte sich Castro angespornt, gegen die Abhängigkeit von den USA und gegen Diktatoren wie Batista zu kämpfen. Mit Erfolg: Der junge Mann konnte die Volksmassen bei seinen stundenlangen **Ansprachen** mitreißen. Ein politisches Amt als Abgeordneter der linksliberalen ›Orthodoxen Partei‹ stand Anfang der gewaltvollen 1950er-Jahre für Castro in Aussicht.

Als sich **Fulgencio Batista** 1952 an die Macht putschte, begann für Fidel Castro eine neue Phase politischen Kampfes: im **Untergrund**. Aus den Bergen der Sierra Maestra starteten er und seine Kameraden 1953 einen Angriff auf die *Moncada*-Kaserne in Santiago de Cuba. Das Attentat misslang. Nach Haft, Amnestie, mexikanischem Exil und Rückkehr nach Kuba auf der ›Granma‹ begann der **Guerilakrieg**, der am Neujahrstag 1959 endete: Fidel Castro verkündete in Santiago den **Sieg der Revolution**. Im Februar 1959 übernahm er das Amt des Ministerpräsidenten, ab 1976 war er Staatschef und ging als **Máximo Líder** und **Comandante en Jefe** in die Geschichte Kubas ein.

Doch heute sind die Erinnerungen an die Errungenschaften seiner sozialen **Reformen** in den 1960er-Jahren verblasst [s. S. 132]. Auch nach dem Ende der UdSSR hielt Castro mit fester Hand an der marxistischen Politik fest und führte das Land in eine desolate Wirtschaftslage. Eine schwere Erkrankung zwang ihn schließlich Anfang 2008 zum **Rücktritt**. Das Parlament wählte daraufhin seinen Bruder Raúl zum Staats- und Regierungschef. Mit dem Wechsel verbesserten sich die internationalen Beziehungen, insbesondere zu den USA. Die EU nahm 2008 nach fünf Jahren Pause die diplomatischen Beziehungen wieder auf. Menschenrechtsorganisationen wie Amnesty International beklagen allerdings das repressive Vorgehen gegen Regimegegner.

Neben Fidel Castro gilt **Ernesto Che Guevara** (1928–1967) als eine Schlüsselfigur der Revolutionsgeschichte. Der berühmteste aller Guerilleros, weltweit verehrt wie ein Popidol, ist mit seinem jugendlichen Antlitz in Kuba allgegenwärtig und avancierte zum Mythos. Der selbstlose **Arzt** wurde 1928 in Argentinien geboren, auch er stammte aus der Oberschicht. Legendär ist seine 4500-km-Reise auf dem Motorrad durch Lateinamerika, wo er den Ärmsten half. »Das hat mich sehr verändert«, sagte er damals und wurde zum intellektuellen **Revolutionär**. In Mexiko traf er 1956 Fidel Castro und schloss sich dem Kubaner an. Nachdem Che Guevara mit seiner Truppe Ende 1958 in Santa Clara gesiegt hatte, war die Revolution so gut wie gewonnen. Bald wurde Che Guevara Präsident der Kubanischen Zentralbank und später auch noch Industrieminister. Doch der Marxist und Dschungelkämpfer misstraute der zunehmenden Bindung Kubas an die Sowjetunion und verließ 1965 das Land, um im Kongo und in Bolivien neue Revolutionen zu initiieren. Am 9. Oktober 1967 wurde der 39-Jährige in den bolivianischen Bergen erschossen.

Havanna

Beim traditionsreichen *Hotel Nacional de Cuba* mit seinen charakteristischen Zwillingstürmen zweigt die belebte Geschäftsstraße **Calle 23** 27 mit ihren Souvenirständen, Reisebüros und Bistros ab. Im Volksmund wird sie *La Rampa* genannt. Links liegt das Hotel *Habana Libre Tryp* und im Park schräg gegenüber der Eisladen **Coppelia** 28 (Di–So 11–24 Uhr). Wie sehr sich das Leben in Kuba auch verändern mag, die Schlange davor ist immer unglaublich lang. Allerdings, so behaupten Kubaner, die nicht in der besseren Ausländer-Abteilung des Coppelia essen dürfen, sei das Eis im *Bin Bom* (La Rampa esq. a Infanta) einfach besser.

Kein Sightseeing in Kubas Hauptstadt ohne eine Besichtigung der weiter südlich gelegenen **Plaza de la Revolución** 29. Auf diesem gigantischen Platz sprang 1959 der revolutionäre Funke aufs Volk über: Fidel Castro hielt am 1. Mai eine flammende Rede an die Kubaner. Militärparaden und Konzerte folgten im Laufe der Jahrzehnte. 1998 begeisterte hier Papst Johannes Paul II. die Massen. Rund 1,5 Mio. Menschen sollen zwischen den umliegenden Gebäuden Platz finden, darunter sind das *Teatro Nacional de Cuba* und das *Ministerio del Interior*, das Innenministerium. Seine Fassade schmückt ein stilisiertes Porträt von Che Guevara samt Revolutionsmotto ›Hasta la victoria siempre‹. In der Platzmitte steht das gigantische **Memorial José Martí** (Mo–Sa 9–16.30 Uhr). Hinter der riesigen Sitzstatue des Nationalhelden ragt ein gewaltiger Obelisk (105 m) über sternförmigem Grundriss auf. Mit dem *Fahrstuhl* im Inneren geht es hinauf zur Aussichtsplattform. Übers Capitolio hinweg schweift der Blick in Richtung Berlin. Es sind ganze 8347 km, weiter als zum Nordpol, sagt der hier angebrachte Entfernungsmesser. Unten im Erdgeschoss sind die *Lebensstationen* des Dichters, Juristen und Unabhängigkeitskämpfers *José Martí* (1853–1895) dokumentiert. Ausgestellt sind Faksimiles von Diplomen, seine Bücher, darunter ›La edad de oro‹, ›Das goldene Zeitalter‹, das jede kubanische Familie besitzt, viele Fotos und Orden. Martí gilt als wichtigster Vordenker für die kubanische Revolution und für die Union der lateinamerikanischen Staaten.

Im Bezirk Miramar kann man sich auf die Spuren des ›Buena Vista Social Club‹ begeben – im **Museo Compay Segundo** 30 (Calle 22 Nr. 103, Tel. 07/206 86 29, Mo–Fr 9–16 Uhr), dem ehemaligen Wohnsitz des berühmten Musikers Compay Segundo (1907–2003): Dieser hatte 1996 mit dem Projekt ›Buena Vista Social Club‹ des US-Musikers Ry Cooder und drei Jahre später

Havanna

mit dem gleichnamigen Film des deutschen Regisseurs Wim Wenders internationale Berühmtheit erlangt. Eine kleine Ausstellung dokumentiert seinen Werdegang, z.B. anhand von internationalen Preisen (Grammy), vielen Fotos und einigen Originalpartituren (›Chan Chan‹) sowie Kleidungsstücken, beispielsweise dem unvermeidbaren Sombrero-Hut.

Cojímar

Das Fischerdorf Cojímar mit kleiner Festung am östlichen Stadtrand Havannas (7 km) hat durch Hemingways nobelpreisgekrönte Novelle ›Der alte Mann und das Meer‹ (1952) Weltruhm erlangt. An der Mündung des Cojímar-Flusses lag Hemingways Fischerboot ›Pilar‹, mit dem er die Küste Kubas erkundete und Marlins fing. Eine *Büste* des Schriftstellers, platziert in einem weißen Säulenkranz, schaut heute gedankenverloren auf die Bucht. Mit den Jahren entwickelte sich Cojímar zum touristischen **Kultort:** 1938 saß Ernest Hemingway in einem kleinen Lokal (›Terrace‹ im Roman) und trank Daiquiris. Mittlerweile können sich die Touristen im selben Lokal, dem eleganten Fischrestaurant *La Terraza* [s. S. 38], die leckere Paella und einen Drink genehmigen, der angeblich auch dem Autor schon gemundet hat. ›Papa Hemingway‹ ist ein Gemisch aus Rum, Zitronensaft, Pampelmuse, Maraschino und Eis.

Praktische Hinweise

Information

Infotur, mehrere Büros in der Stadt, z. B. Calle Obispo 524, entre Bernaza y Villegas, La Habana Vieja, Tel. 07/866 33 33; Avenida 5 esq. a Calle 112, Miramar, Playa, Tel. 07/204 70 36; Flughafen José Martí, Terminal 3, Havanna, Tel. 07/266 40 94, www.infotur.cu

Asistur, Prado 208, entre Trocadero y Colón, La Habana Vieja, Tel. 07/866 44 99, Notfall-Tel. 07/866 85 27, www.asistur.cu. Medizinische Hilfe, juristische Beratung, internationaler Geldtransfer usw.

avenTOURa, Rehlingstr. 17, 79100 Freiburg, Tel. 07 61/211 69 90, www.aventoura. de. Edificio Bacardí, Monserrate 261, entre Progreso y Empedrado, La Habana Vieja, Tel. 07/863 28 00, www.aventoura-cuba. com. Geführte Rundreisen, Transportservice, Sprach-, Tanz-, Perkussion- und Tauchkurse.

›Vorwärts bis zum Sieg‹ – Che Guevara riesengroß auf der Plaza de la Revolución

Der Malecón ist das viel geliebte ›Gesellschaftszimmer‹ der Habaneros

Banken

Zwischen Parque Central und Plaza Armas gibt es mehrere Banken, einige von ihnen sind sind wie die Cadeca-Wechselstuben auch Sa/So geöffnet.

Flughafen

Aeropuerto Internacional José Martí, Avenida Van Troi y Final, Boyeros, Havanna (ca. 18 km vom Zentrum), Tel. 07/266 46 44, 07/33 57 77, http://havana.airportcuba.net.

Bahn

Estación Central de Ferrocarriles, Avenida de Bélgica esq. a Arsenal, La Habana Vieja, Tel. 07/862 19 20.

Bus

Víazul, Calle 26 esq. a Zoológico, Nuevo Vedado, Havanna, Tel. 07/881 14 13, 881 11 08, www.viazul.com. Die modernen Busse der Linie verbinden Orte auf der ganzen Insel.

Cubanacán, www.cubanacan.cu. Die von mehrsprachigen Reiseleitern begleiteten Busse verkehren bei ›Conectando Cuba‹ auf sechs verschiedenen Routen zwischen den Tourismusgebieten und Städten direkt von Hotel zu Hotel, man wird abgeholt und spart somit Taxikosten. Preise ähnlich wie Viazul, Reservierung 1–3 Tage zuvor.

Stadtrundfahrten

Habana Bus Tour, tgl. 9–21 Uhr, etwa im 40-Minuten-Takt verkehren Open-air-Doppeldeckerbusse auf drei Linien durch Havanna und die Vororte (T1 ab Parque Central zur Plaza de la Revolución, T2 ab Plaza de la Revolución zur Marina Hemingway, T3 ab Centro Habana über El Morro nach Playas del Este). Man kann beliebig ein- und aussteigen.

Havanna

Nüsse auf Rädern – flotte Cocotaxis warten am Parque Central auf Kundschaft

Neben Taxis gibt es **Bicitaxis** (Fahrradrikschas) und **Cocotaxis**, gelbe Motorradtaxis, außerdem werden **Kutschfahrten** durch die Stadt angeboten (z. B. ab Parque Central, vorab Preis verhandeln). Man kann sich auch im **Oldtimer** chauffieren lassen (ab Capitolio oder zu buchen bei Gran Car, Tel. 07/881 09 92).

Einkaufen

Réal Fabrica de Tabacos Partagas, Calle Industría 520, entre Barcelona y Dragones, Centro, Havanna. Eine im Jahr 1845 gegründete Zigarrenfabrik.

Salsa-Tanzkurse

Erlebe-Reisen, Kreuzgasse 11, Dettingen, Tel. 07123/279 30 30, www.salsa-tanzreisen.de. Flexible Tanzstunden für Salsa, Son und Merengue in Havanna.

 ViaDanza, Mettinger Straße 26, Esslingen, Tel. 0711/48 90 70 03, www.viadanza.de. Kuba-Reisen mit Tanzkursen in La Habana Vieja.

Kultur live

Cabaret Tropicana, Calle 72 A, Marianao, Havanna, Tel. 07/267 17 17, www.cabaret-tropicana.com, tgl. ab 22 Uhr, bei gutem Wetter im Freien, sonst in der Halle. Inkl. Transfer über Hotels und Reiseagenturen zu buchen. Jahrzehntelange Showerfahrung, jede Menge Stars, aufwändige Kostüme, Tanz und Artistik zu heißen Rhythmen begeistern die Zuschauer.

Callejón de Hamel, Vedado, Havanna. Jeden So ab 12 Uhr vibieriert die über und über mit zeitgenössischen Wandmalereien geschmückte Gasse vom Sound diverser Rumba-Bands.

Gran Teatro, Paseo de Martí esq. a San Rafael, Centro, Havanna, Tel. 07/861 30 77, www.balletcuba.cult.cu. Die Heimstätte des Ballet Nacional de Cuba zieht Tanzbegeisterte aus aller Welt an. Wird derzeit renoviert.

Teatro Nacional, Paseo y 39, Plaza de la Revolución, Vedado, Havanna, Tel. Das Nationaltheater in Havanna bietet internationale Stücke auf Spanisch – Programminformationen vor Ort.

Hotels

Ambos Mundos, Calle Obispo 153 esq. a Calle Mercaderes, La Habana Vieja, Tel. 07/860 95 30, aus Deutschland gratis: 08 00/182 08 12, www.habaguanexhotels.com. Hemingway wohnte hier im 5. Stock über den Dächern der Altstadt. Schöne Dachterrasse mit Restaurant.

Beltrán de Santa Cruz, Calle San Ignacio 411, entre Muralla y Sol, La Habana Vieja, Tel. 07/860 83 30, aus Deutschland gratis: 08 00/182 08 12, www.habaguanex hotels.com. Traumhaftes Hotel im Kolonialstil. Da es nur über elf Zimmer verfügt, unbedingt reservieren.

 Florida, Calle Obispo 252 esq. a Cuba, La Habana Vieja, Tel. 07/862 41 27, aus Deutschland gratis: 08 00/182 08 12, www.habaguanex hotels.com. Stimmungsvolles Hotel in einem originalgetreu restaurierten Stadtpalast von 1836. Schöner begrünter Patio.

Hostal Valencia, Calle Oficios 53 esq. a Obrapía, La Habana Vieja, Tel. 07/867 10 37, aus Deutschland gratis: 08 00/182 08 12, www.habaguanexhotels.com. Reizvolles Hotel im Herzen der Altstadt, 10 schlichte Zimmer um hübschen Patio, Restaurant und Dachterrasse.

Nacional de Cuba, Calles O y 21, Vedado, Havanna, Tel. 07/836 35 64, www.hotel nacionaldecuba.com. Jede Menge Art déco zeichnen den riesigen Luxuspalast der 1930er-Jahre aus.

Iberostar Parque Central, Calle Neptuno, am Parque Central, La Habana Vieja, Tel. 07/860 66 27, www.iberostar.com. Modernes Luxushotel mit gutem Service. Dachterrasse mit fantastischem Stadtpanorama.

Palacio O'Farrill, Calle Cuba 102–108, entre Chacon y Tejadillo, La Habana Vieja, Tel. 07/860 50 80, aus Deutschland gratis: 08 00/182 08 12, www.habaguanex hotels.com. Herrlicher Kolonialpalast, dessen 38 Zimmer 200 Jahre Architekturgeschichte widerspiegeln: hohe Decken, Flügeltüren, stilvolle Holzmöbel und ein von Arkaden gerahmter eleganter Patio.

Saratoga, Prado 603 esq. a Dragones, La Habana Vieja, Tel. 07/868 10 00, aus Deutschland gratis: 08 00/182 08 12, www.habaguanexhotels.com. Luxuriöses Hotel gegenüber dem Kapitol. Elegante Zimmer, kubanische und internationale Küche. Mit Pool auf der Dachterrasse.

Terral, Malecón esq. Calle Lealtad, Centro, Tel. 07/860 21 00, aus Deutschland gratis: 08 00/182 08 12, www.habaguanexhotels.com. Nagelneues Design-Hotel an der (lauten) Promenade Havannas, 14 minimalistisch-stylische Zimmer, teils mit Meeres-Panorama.

Tryp Habana Libre, Calle L, entre 23 y 25, Vedado, Havanna, Tel. 07/834 61 00, aus Deutschland 018 02/12 17 23, www.melia.com. Der Klassiker unter den 1950er-Jahre-Hochhaushotels. In der Bar tranken einst Che, Fidel und Compañeros ihre Cuba libres. Schöner Ausblick von der Disco im 25. Stock.

Restaurants

1830, Malecón, nahe Calle 20, Vedado, Havanna, Tel. 07/838 30 90. Das noble Restaurant bietet schmackhafte internationale Küche. Ein Geiger fiedelt auf Wunsch die Klassiker (tgl. 12–22 Uhr).

Castropol, Malecón 107 entre Calles Genios & Crespo, Centro, Tel. 07/861 48 64.

Arbeit die Spaß macht – strahlende Tänzerin des Cabaret Tropicana

Hier werden auf zwei Etagen originelle und leckere Speisen serviert, auch gute und preiswerte Cocktails.

El Ajíbe, Avenida 7ma, entre Calles 24 y 26, Miramar, Havanna, Tel. 07/204 15 83. Beliebtes Freiluft-Restaurant mit kreolischen Gerichten.

El Floridita, Calle Obispo 557, La Habana Vieja, Tel. 07/867 12 99, www.floridita-cuba.com. Der klassische Hemingway-Hangout.

Gringo Viejo, Calle 21 Nr. 454, entre E´y F, Vedado, Havanna, Tel. 07/831 19 46. Netter Paladar im Keller einer Villa mit großer Auswahl an Fleischgerichten und Fisch,

Mit gediegenem Kolonialdesign umschmeichelt das Hotel Nacional de Cuba seine Gäste

viele Drinks, viele Stammgäste, reservieren (tgl. 12–23 Uhr).

 La Divina Pastora, Avenida Monumental, Complejo Morro-Cabaña, unterhalb der Fortaleza San Carlos de la Cabaña, Havanna, Tel. 07/860 83 41. Hier kommen internationale Gerichte auf den Tisch, zu genießen mit dem schönsten Blick auf die Altstadt.

La Guarida, Calle Concordia 418, entre Gervasio y Escobar, Centro, Havanna, Tel. 07/866 90 47, www.laguarida.com. Auf der Speisekarte stehen Fisch, Lamm, Huhn und Kaninchen mit tollen Saucen. Wer reserviert, bekommt einen Platz im schönsten Raum.

 La Terraza de Cojímar, Calle Real 161 esq. a Candeleria, Cojímar, Tel. 07/93 92 32. Hemingways Lieblingslokal bietet Gaumenfreuden bei Meerblick und Seebrise. Spezialitäten sind Fisch und anderes Meeresgetier.

Café

Museo del Chocolate, Calle Mercaderes esq. a Amargura, La Habana Vieja. Mit hausgemachten Pralinen, heißer und kalter Schokolade uvm. ein Paradies für Naschkatzen. In Vitrinen wird nostalgisches Geschirr präsentiert und die Kakaoherstellung dokumentiert.

Nachtleben

Casa de la Amistad, Avenida Paseo 406, entre Calles 17 y 19, Vedado, Havanna, Tel. 07/830 31 14. Kulturzentrum mit Restaurant in einer alten Villa mit großem Garten, wo Sa frühestens ab 22 Uhr die ›Noche Cubana‹ mit Livemusik, Show und Tanz stattfindet (Salsa, Bolero). Di gibt es ›Chan Chan‹ mit Musica tradicional (Son, La Guaracha usw.).

Casa de la Musica, Calle 20 Nr. 3308 esq. a Calle 35, Miramar, Havanna, Tel. 07/204 04 47. Die bekanntesten Salsa-Bands geben sich hier die Ehre (Di–So ab 22 Uhr).

El Gato Tuerto, Calle 0 Nr. 14, entre Calles 17 y 19, Miramar, Havanna, Tel. 07/836 01 12. Winziger Nachtklub mit großartiger Stimmung und Live-Musik (Boleros, Son, Jazz usw.).

La Lluvia de Oro, Calle Obispo 316 esq. a Habana, La Habana Vieja, Tel. 07/862 98 70. Bar und Restaurant in der Altstadt, wo immer etwas los ist: dreimal tgl. zwischen 12 Uhr und Mitternacht Konzerte (ab 10 Uhr geöffnet).

La Torre, Calle 17 Nr. 55, entre M y N, Vedado, Havanna, Tel. 07/832 73 06. Bar und französisches Restaurant im 33. Stockwerk des Focsa-Hochhauses, Kubas höchstem Gebäude. Preiswerte Cocktails (tgl. 12–ca. 24 Uhr).

2 Museo Hemingway

Hemingways langjähriges Zuhause verlockt zu einem Fensterblick.

Hemingway-Fans, darunter auch viele Kubaner, zieht es an der Küste gen Osten. An den Playas del Este liegt der kleine Ort San Francisco de Paula mit der **Finca La Vigía** und dem Museo Hemingway (Mi–Mo 10–16, So 10–13 Uhr, bei Regen geschl.).

Lauschiges Plätzchen im Patio: Restaurant an der Plaza de la Catedral

3 Playas del Este

Entspanntes Strandleben an den attraktiven Playas del Este östlich von Havanna

21 Jahre lang (1940–61), hat Ernest Hemingway in der kolonialen Villa mit seinen beiden letzten Ehefrauen gelebt und seine berühmtesten Werke geschrieben, darunter der Roman ›Inseln im Strom‹ (1970 postum erschienen) sowie die Novelle ›Der alte Mann und das Meer‹ (1952). Seit dem Freitod des Schriftstellers 1961 wurde am Haus kaum etwas verändert, und so scheint es, als könne Hemingway jeden Moment vom Hochseefischen zurückkehren. Das Innere darf nicht betreten werden, ist aber durch die offenen Fenster gut zu erkennen. Besondere Sorgfalt gilt der Bewahrung der umfangreichen Bibliothek Hemingways und der Restaurierung von Werken Pablo Picassos. Antilopengeweihe und ein Wasserbüffelkopf, kenianische Trophäen des Großwildjägers aus den 1930er-Jahren, afrikanische Masken und Familienfotos sowie der aussagekräftige Stempel: ›I never write letters – E. Hemingway‹ zieren die Wände. Im Garten steht das Fischerboot ›Pilar‹ des Literaturnobelpreisträgers.

3 Playas del Este

Blaues Wasser und weiße Ufer vor Havannas Haustür.

An jedem Wochenende setzt in Havanna eine Völkerwanderung ein: Pärchen auf Fahrrädern oder qualmenden Mofas, eine Armada aus Pferdekutschen, *Camello*-Bussen und Lastern – und alle haben ein Ziel: die Playas del Este. Rund 50 km lang sind die Strände von Bacuranao, Mégano, Guanabo, Jibacoa und Trópico. Mit einem breiten Sandstrand unter Palmen locken **Santa María del Mar** und die weite Bucht von **Boca Ciega**. Ein bisschen geht es hier zu wie in Rimini: In den Bars und Eisdielen an der Hauptstraße treffen sich Italiener und Deutsche, auf dem winzigen Rummelplatz jauchzen kubanische Kinder, am Strand fliegen Schmetterbälle übers Volleyballnetz und Pferdekutschen sind das gängige Transportmittel. Der Strand von Santa María del Mar bietet auch Wassersportmöglichkeiten, Unterkünfte, Grillfisch und kubanische Fast-Food-Restaurants.

Praktische Hinweise

Hotel

Atlántico, Avenida de las Terrazas, entre 11 y 12, Santa María del Mar, Tel. 07/797 10 85 bzw. -87, www.grancaribe.com. Strandhotel mit 62 Apartments sowie Pool.

Restaurant

El Cubano, Avenida 5ta, entre Calles 454 y 456, Boca Ciega, Tel. 07/796 40 61. Leckere Garnelen, Hühnchen in Weinsauce, gegrillter Fisch oder Steak werden auch im Garten serviert (tgl. 11–24 Uhr).

Pinar del Río – im Land der Tabakbauern

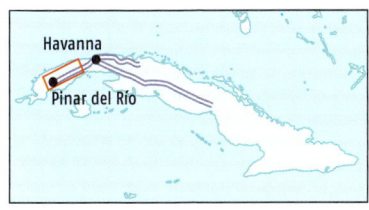

Der Westen Kubas, die Provinz Pinar del Río, bezaubert durch seinen ländlichen Charakter. Die Aussichten sind einzigartig: auf- und abrollende Hügel mit Kiefernwäldern, Täler voller Bambushaine, Bananenstauden und mit Palmenwedeln gedeckte Hütten, den *Bohíos*, mit Ochsenkarren und Pferdekutschen. Nicht zu vergessen: Der weltbeste Tabak wächst im **Vuelta Abajo** südwestlich der Stadt **Pinar del Río** und gibt dem Land seinen leuchtend grünen Anstrich. Eine märchenhafte Szenerie, durch die viele Touristen jedoch nur als Tagesausflügler brausen – immer den berühmten bizarren Kalksteinhügeln, den *Mogotes*, bei **Viñales** entgegen. Der zeitgemäße Trend gegen diese hektische Reiseart heißt *Öko-Tourismus*: In der **Sierra del Rosario** haben einige Fincas ihre Tore den Fremden geöffnet – Urlaub beim Bauern. Durch Täler reiten, Wasserfälle bewundern, Höhlen erkunden, Ruhe und Schönheit tanken in Orchideengärten und an Heilquellen, das ist Naturerlebnis vom Feinsten.

4 Las Terrazas

 Pionier des Öko-Tourismus im einsamen Bergland.

Bewaldete Hügel und kühle Flusstäler machen die Sierra del Rosario ganz im Westen Kubas zu einer grünen Oase. Das war nicht immer so: Im 19. Jh. schufteten hier Sklaven auf Kaffeeplantagen und ganze Berghänge wurden für den Schiffbau gerodet. Der Raubbau an der Natur blieb nicht ohne Folgen. Die Landbevölkerung verarmte zunehmend, bis 1968 die Wiederaufforstung der Region beschlossen wurde. Das Projekt verlief so erfolgreich, dass die UNESCO es gar mit dem Titel **Reserva de la Biosfera Sierra del Rosario** adelte. Am Rande des 250 km² großen Biosphärenreservats entstand mit **Las Terrazas** (1200 Einw.) ein ökologisches Modelldorf, dessen Bewohner, einst Bauern am Rande des Existenzminimums, ihr Auskommen heute als Hotelangestellte, Naturführer und Kunsthandwerker, verdienen. Der Ort erstreckt sich am Ufer des idyllischen **Lago San Juan**. Rund um den See gibt es Kino und Disco, eine Poliklinik und ein Mini-Museum, Hotel und Kindergarten, einen Sportplatz, eine abenteuerliche Canopy-Hochseilbahn und einige Werkstätten, die Keramik und Schnitzereien zum Verkauf anbieten.

Highlight für viele Besucher sind Ausflüge in das Biosphärenreservat, das zahlreiche Wanderwege, Gelegenheit zur Vogelbeobachtung und zum Angeln oder zu Schwefel- und Thermalbädern bietet. Herrlich erfrischend ist der Sprung in den Río San Juan, der 3 km südlich vom Hotel Moka mit den **Baños San Juan** eine bezaubernde Landschaft mit rundgeschliffenen Felsen und Naturpools geschaffen hat. Am östlichen Eingangstor zum Reservat, der **Puerta las Delicias**, im **Centro de Informacion** der Rancho Curujey sowie im **Hotel Moka** stehen Informations- und Kartenmaterial zur Verfügung. Hier kann man auch geführte Exkursionen buchen.

Historisch Interessierte besuchen den **Cafetal Buenavista**. Die stillgelegte Kaffeeplantage des frühen 19. Jh. besteht aus einem schön restaurierten, rustikalen Landsitz und den angrenzenden Ruinen der Sklavenbaracken. Das luftige *Herrenhaus* aus groben Felsquadern und Holzbalken beherbergt ein *Restaurant*. Die Glocke vor dem Gebäude rief früher die Arbeiter zusammen. Nachdem jedoch Mitte des 19. Jh. der Kaffeeanbau aufgrund der Konkurrenz aus Brasilien zum Erliegen kam, stellte die Region auf Tabakanbau um.

Die Provinz Pinar del Río ist das größte Tabakanbaugebiet Kubas

4 Las Terrazas

Las Terrazas liegt inmitten der Sierra del Rosario am idyllischen Lago San Juan

ℹ Praktische Hinweise

Hotel
Moka, Autopista km 51, Candelaria, Tel. 048/57 86 00, www.lasterrazas.cu. Öko-Hotel mit offener Lobby. Hübsche Zimmer, kleiner Pool und Tennisplatz. Das Hotel vermittelt auch Privatunterkünfte bei Kubanern, einfache Hütten und Campingplätze.

Restaurants
Buenavista, Cafetal Buenavista, Tel. 082/786 00. Kreolische Speisen in einer ehem. Kaffeeplantage 5 km von La Terrazas entfernt. Zur Untermalung spielen häufig Folklorebands (tgl. 11.30–15 Uhr).

Fonda de Mercedes, Las Terrazas, Tel. 048/578647. Auf einer Terrasse serviert ›die beste Köchin im Ort‹ ihre Köstlichkeiten, etwa *Aporreado del ternera*, leckeres Rindergulasch, und Guayaba-Eis (tgl. 9–21 Uhr).

5 Soroa

Grüne Hügel, schöne Aussichten, Blütenpracht und Vogelgezwitscher.

Eingebettet in die teils wieder aufgeforsteten Hügel und Täler der bis zu 700 m hohen Bergkette Sierra del Rosario ist Soroa ein beliebtes Ziel für Ausflügler aus dem 80 km östlich gelegenen Havanna.

Die herrliche Umgebung rund um den kleine Ort lädt zu Ausreiten, Wanderungen, Radtouren und Naturbeobachtungen ein. Etwa 80 Vogelarten leben in den Wäldern rund um Soroa, darunter der rot-weiß-blau gefiederte *Tocororo* (Kuba-Trogon), der kubanische *Gelb-*

Operettenhafte Architekturkulisse – ›Stadt der Säulen‹ wird Pinar del Río genannt

specht, der *Cartacuba* (Vielfarbentodi) und jede Menge *Kolibris*.

Nahe dem Hotel Villa Horizontes Soroa ergießt sich der Río Manantiades als 22 m hoher **Wasserfall El Salto** (tgl. 8–17 Uhr) in ein dicht umgrüntes Tal. Morgens im Sonnenschein schimmert ein Regenbogen über dem Pool, in dem man auch baden kann – **Arco Iris de Cuba** nennen die poetisch veranlagten Kubaner diese Landschaft. Den schönsten Panoramablick über das Bergland genießt man vom **Mirador**. Zu Fuß oder zu Pferd ist er in weniger als einer Stunde zu erreichen.

Ebenfalls beim Hotel führt ein zweiter Abzweig zunächst zum Orchideengarten. Der 1943 angelegte **Jardín Botánico Orquideario** (tgl. 8.30–16.30 Uhr) präsentiert mehr als 700 Orchideenarten aus aller Welt, ein Drittel davon gedeiht nur in Kuba. Am schönsten ist ein Besuch während der *Blütezeit* (Nov./Dez.–März/April). Zum Garten gehören auch Brotfrucht- und Feigenbäume, Begonien und Magnolien. Im Frühling entfaltet sich hier eine wahre Farborgie roter Flamboyant- und Hibiskusblüten, die mit ihren Düften die Sinne betören. Wer sich noch ein wenig bewegen möchte, erreicht hügelan das geschlossene Restaurant **Castillo de las Nubes** in luftiger Höhe mit malerischen Ausblicken auf Berge und Ebenen.

ℹ Praktische Hinweise

Hotel
Villa Soroa, Ctra. Soroa km 8, Candelaria, Tel. 048/52 35 34, www.cubanacan.cu. Kleine Cottages rund um einen großen Pool mitten im Grünen. Restaurant (Büffetservice). Abends Livemusik an der Poolbar.

6 Pinar del Río

Stadt der Säulen, Stadt des Tabaks.

Im Wind wogendes Zuckerrohr, Apfelsinenbäume und kleine Tabakfabriken prägen das Bild entlang der Landstraße in die Provinzhauptstadt (190 000 Einw.). Das gemütliche Pinar del Río beeindruckt mit seinen bunten, zum Teil restaurierten Kolonialbauten, besonders im Zentrum an der *Calle Martí*. Hier steht auch der

weiße **Palacio Guasch**, ein protziger und zugleich fragil wirkender Palast, über und über verziert mit Giebeln, Türmchen, Arkaden und Stuckwerk – ein Stilgemisch von der klassischen griechischen Säule bis zum Art-déco-Zitat. Die 1914 erbaute Residenz beherbergt heute das **Museo de Ciencias Naturales** (Mo–Sa 9–17, So 9–13 Uhr) mit vielen Fossilien und ausgestopften Tieren. Die meisten Besucher aber zieht es in die **Fábrica de Tabacos Francisco Donatien** (Calle Antonio

Von der Hand in den Mund – Torcedores rauchen Selbstgerolltes während der Arbeit

Exportschlager Zigarre

Selbst auf dem Höhepunkt der Kuba-Krise 1962 hatten Fidel Castro und John F. Kennedy immer noch eine gemeinsame Leidenschaft – beide gehörten zur weltweiten Gemeinde der Zigarren-Liebhaber. Diese **Cigar aficionados** legen höchsten Wert auf Geschmack und Aroma ihrer teuren Glimmstengel und sie wissen: Die besten und handgerollten Zigarren kommen aus Kuba – die **Montecristos, Cohibas, Romeo y Julietas, Hoyos de Monterrey, Bolivars**…

Tabak verwendeten schon die Indios als Beruhigungsmittel, vermischt mit Kräutern und allerlei berauschenden Ingredienzien. Das weckte die Neugier der spanischen Eroberer und bald darauf trat der Tabak seinen Siegeszug um den Erdball an. Im 18. Jh. begann die Tabakwirtschaft auf den **Vegas** (Pflanzungen) in der Provinz Pinar del Río. Im **Vuelta Abajo** bieten der fruchtbare Boden, das feuchtheiße Klima und die ideale Kombination aus sonnenreichen Tagen und kühlen Nächten die besten Voraussetzungen für das Gedeihen der Tabakpflanzen. Die einzelnen Schritte von der Aussaat bis zur Lagerung im Souvenirladen erfolgen nach einer sehr aufwändigen Prozedur, die bei manchen Blattsorten bis zu 3 Jahre dauern kann. Kenner schwören sogar auf die 6 bis 8 Jahre gereiften **Puros**.

Spätestens im November, nach der Regenzeit, beginnen die **Vegueros** (Bauern) die Tabaktriebe in die rotbraune Erde einzusetzen. Von Januar bis März ist Erntezeit, die Blätter werden anschließend in **Bohíos** rund 7 Wochen lang zum Trocknen aufgehängt: In diesen dunklen Schuppen spielen eine ausreichende Belüftung, gleichmäßige Temperatur und regelmäßige Befeuchtung eine wichtige Rolle. Nach dem Trocknen folgt die **Fermentation**, die für das Aroma und die Qualität der zukünftigen Zigarre ausschlaggebend ist. Die nun hellbraunen Blätter werden dabei zu großen Bündeln gestapelt, die im Inneren die notwendige Wärme entwickeln. Die Gärung dauert insgesamt 3 Monate.

In der Fabrik – 1760 eröffnete die **erste Manufaktur** für Zigarren in Kuba – werden die Blätter halbiert und nach Größe, Farbe und Beschaffenheit sortiert. Dann sind die **Torcedores** an der Reihe, die Zigarrendreher. Wie in einer Schulklasse sitzen sie in Reihen hintereinander, rund zwei Drittel sind Frauen: Jede(r) rollt etwa 100 bis 120 Zigarren am Tag. Zuerst kommt der **Wickel** in eine Holzform mit Zigarrenformat. So schön in Form gepresst erhalten die Puros anschließend ihre Hülle aus den besten Blättern – insgesamt ein höchst diffiziles, fast künstlerisches Handwerk. Die besten Zigarren erkennt der Experte an ihrem seidigen Glanz und dem etwas speckigen Deckblatt. Wer nur herausragende Qualität für seine Geld bekommen möchte, sollte Zigarren auf keinen Fall auf der Straße oder am Strand kaufen. Meist sind diese Exemplare minderwertig bzw. nicht mit der Hand gerollt. ›**Hecho en Cuba, totalmente a mano**‹ heißt das begehrte Gütezeichen auf den Holzkisten, die hauptsächlich in den großen Hotels und in den staatlichen Tabakgeschäften oder Souvenirläden der Insel verkauft werden.

Maceo, Mo–Fr 10–12 und 13–16, Sa 9–12 Uhr, fotografieren/filmen verboten). Hinter der hellblauen Fassade des 1868 erbauten Hauses sitzen etwa 200 Angestellte und drehen die begehrten Zigarren. Bis zu 11 000 Stück werden am Tag produziert, natürlich kann man sie hier auch erwerben. Die Arbeitszeit vertreibt gelegentlich ein Vorleser mit Wissenswertem aus der Partei-Zeitung ›Granma‹ oder mit Spannenderem aus Agatha Christies Werken.

Ein weiterer Besichtigungspunkt ist die Likörfabrik **Casa Garay** (Mo–Fr 9–15.30, Sa 9–12 Uhr) in der Calle Isabel Rubio zu. In dem einstigen Wohnhaus der spanischen Familie Garay werden seit 1892 aus der Frucht Guayaba (Guave) der *Guayabita*-Likör und -Brandy gewonnen. Auf dem Programm stehen englischsprachige Führungen und Verkostung, auch ein Laden ist angeschlossen: Wem der süße Likör oder der trockene Brandy schmeckt, sollte die Gelegenheit nutzen – Guayabita wird nur in Pinar produziert.

Praktische Hinweise

Hotel
Islazul Vueltabajo, Calle Martí No. 103, Pinar del Río, Tel. 048/75 93 81, www.islazul.cu. Das rosa getünchte Gebäude von 1927 bietet 24 gemütliche, gut ausgestattete Zimmer und zwei Mini-Suiten.

Restaurant
Cabaret Rumayor, Ctra. Viñales, Pinar del Río, Tel. 048/76 30 50. Am Stadtrand gelegenes kubanisches Lokal im Afro-Look mit Bar. Spezialität: geräuchertes Huhn (Di–So 12–22 Uhr). Afrokubanische Show (Do–So ab 23 Uhr).

7 Valle de Viñales

Urtümliche Elefantenbuckel im grünen Tal des Tabaks.

Beim Dorf **Viñales** präsentiert sich die eigentümlichste Landschaft Kubas, die zudem unter dem Schutz der UNESCO steht: Zwischen sattgrünen Feldern, auf denen der weltbeste Tabak, aber auch die kartoffelähnliche Malangaknolle, Yuca oder Mais gedeihen, steigen aus dem rotbraunen, brettebenen Land senkrecht die **Mogotes** empor. Die buckligen Karstfelsen sind üppiggrün überwuchert, zu ihren Füßen wachsen Königspalmen – ein eindrucksvolles Bild. Besonders faszinierend ist die Szenerie am frühen Morgen, wenn die Felder noch unter einer Nebeldecke liegen und nur Bergrücken und Palmwipfel im ersten Sonnenlicht auftauchen.

Auswaschungen schufen hier vor Urzeiten das größte Höhlensystem des Landes, etwa 10 000 **Höhlen** sollen im Inneren der Kalksteinberge entdeckt worden sein. Viele dienten erst den Indios als Wohnstätte, später, im 19. Jh., den entflohenen Sklaven (*Cimarrónes*) als Versteck. Der Öffentlichkeit zugänglich ist die **Cueva del Indio** (tgl. 9–17 Uhr) im bildschönen **Valle San Vicente** wenig nörd-

In der Fábrica de Tabacos Francisco Donatien werden vorzügliche Zigarren hergestellt

lich von Viñales. Zur Tour durch die imposante Tropfsteinhöhle gehört auch eine Bootsfahrt auf einem unterirdischen Flusslauf. In der Höhle Palenque de los Cimarrónes (auch San Miguel-Höhle) finden oft Konzerte statt.

Bei Jung und Alt beliebt sind Exkursionen in die **Gran Caverna de Santo Tomás** (tgl. 9–16 Uhr), das mit 46 km größte Höhlensystem Kubas, etwa 16 km südwestlich von Viñales. Hier geht es mit einem Höhlenfachmann und Schutzhelm durch die noch unbeleuchteten Höhlengänge in die Tiefe, vorbei an bizarren Stalagmiten und Stalaktiten.

Aber man steigt im Valle de Viñales nicht nur in den Untergrund, sondern auch steil in die Höhe – mit traumhaften Panoramablicken. Längst haben **Kletterfans** (www.escaladaencuba.com, www.cubaclimbing.com, eigene Ausrüstung mitbringen) das Tal für sich entdeckt.

Ebenfalls an der frischen Luft, am Mogote Dos Hermanos (4 km westlich des Dorfes Viñales), befindet sich der **Mural de la Prehistoria** (tgl. 8–18 Uhr), ein 120 m langes Gemälde von abstrahierten Dinosauriern, Meergetier und Menschen, das Leovigildo González Morillo 1962 auf den nackten Felsen pinselte.

Das Dorf Viñales selbst entpuppt sich als lebhafter Ort, den der Besucher entlang der Hauptstraße nahezu ganz unter Kolonnaden erkunden kann. Seine bunten Holzhäuschen stehen unter Denkmalschutz und präsentieren quasi ein ›Kuba en miniature‹. Besonders stimmungsvoll ist es am Abend, wenn viele Einwohner die laue Luft auf der Veranda genießen.

Im Tal von Viñales – zwischen den Mogotes gedeiht der beste Tabak der Welt

ℹ Praktische Hinweise

Information

Parque Nacional de Viñales, Centro de Visitante, Ctra. a Pinar del Río, ca. 2 km südlich von Viñales, nahe dem Hotel Los Jazmines, tgl. 8-18 Uhr. Informationen über die verschiedenen Wanderwege durch das Valle de Viñales und Buchung von geführten Exkursionen, auch per Fahrrad, in die weitere Umgebung.

Viñales Bus Tour, mehrmals tgl. 9–17.30 Uhr, zu den Sehenswürdigkeiten um Viñales. Man kann an den Stationen

Die fruchtbare Erde im Viñales-Tal wird noch mit Ochsengespannen gepflügt

nach Belieben aus- und später wieder zusteigen. Haltestellen u.a. am Visitor Center des Nationalparks, an den Hotels Los Jazmines und La Ermita.

Hotels

Horizontes Los Jazmines, Ctra. de Viñales km 23, Viñales, Tel. 048/79 62 05, www.hotelescubanacan.com. Das Hotel mit 78 Zimmern in exponierter Hügellage bietet den schönsten Panoramablick auf die buckligen Mogotes.

Rancho San Vicente, Ctra. Puerto Esperanza, Viñales, Tel. 048/79 62 01, www.hotelescubanacan.com. Attraktive Anlage im malerischen Valle San Vincente mit hübsch gestylten Holzhäusern, kleinem Pool und Restaurant.

Villa Cristal, Calle Rafael Trejo 99, Viñales, Tel. 05/270 12 84 (mobil), www.villacristalcuba.com. Ein-Zimmer-Häuschen in idyllischem Garten bei Ani (gute Köchin) und Francisco (guter Salsa-Tänzer): ruhig, freundlich und sehr beliebt, also rechtzeitig buchen. Ansonsten: weitere Privatpensionen in der gleichen Straße.

Restaurants

Casa Don Tomas, Calle Salvador Cisneros, Viñales, Tel. 048/79 63 00. Kreolische Küche in einer Villa von 1889 oder open-air im schönen Garten (tgl. 10–22 Uhr).

Centro Cultural Polo Montañez, Calle Salvador Cisneros, am Kirchplatz, Viñales. Gutes Lokal in einer Villa (tgl. ab 10–24 Uhr). Oft ab etwa 21.30 Uhr Livemusik.

8 Cayo Levisa

Insel der Strandurlauber und Taucher.

Zahlreiche Tagesausflügler aus Havanna und Viñales besuchen die kleine Insel Cayo Levisa vor der Südwestküste Kubas. Viele kommen zum Sonnenbaden an den etwa 3 km langen schneeweißen Sandstrand zwischen Mangroven. Andere vergnügen sich beim Schnorcheln an den Korallenriffen oder schwärmen per Boot zu den 23 Tauchplätzen vor der Nordküste aus. In Sichtweite vor der Westküste liegt das Inselchen Mégano, vor dem Hemingway einst ankerte.

Praktische Hinweise

Fähre

Puerto Palma Rubia, hin tgl. 10 u. 18, zurück 9 u. 17 Uhr. Überfahrt 20 Min. Buchung inkl. Transport ab Havanna und Übernachtung über avenTOURa [s. S. 34].

Hotel

Villa Cubanacan Cayo Levisa, Ctra. a Palma Rubia, La Palma. Tel. 048/75 65 01, www.hotelescubanacan.com. 33 einfache kleine Bungalows in zwei Reihen am Strand, mit Restaurant und Tauchbasis.

Varadero – Wellenreiten im ersten Seebad Kubas

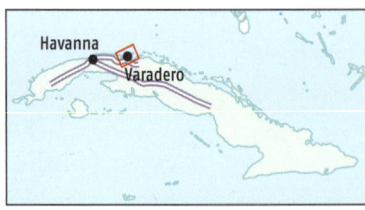

Wer über den Küstenort Varadero hinwegfliegt, glaubt seinen Augen kaum zu trauen, wenn im tiefblauen Ozean die Halbinsel **Hicacos** auftaucht: Ein schmales Stück Land führt etwa 20 km nahezu schnurgerade ins offene Meer hinaus. Aus der Vogelperspektive verheißt der alabasterweiße Rand an der Nordseite Strandläufe ohne Ende, der Ozean lädt zu grenzenlosem Badespaß ein. **Varadero** ist wahrlich ein Ferienparadies, gesäumt von Palmen und Kasuarinen. Karibik pur. Kein Ort Kubas ist bei Touristen beliebter, Luxushotels und Whirlpools inklusive. Die Zeiten der Polizeikontrolle am Eingang zu der schmalen Península sind glücklicherweise seit einigen Jahren vorbei – mittlerweile dürfen auch die Kubaner offiziell in ihrem eigenen tropischen Hotel-Paradies urlauben. Kubanischen Alltag kann man in dem Ferienort dennoch kaum erleben, dafür gibt es Pizza und Hamburger im Überfluss.

›Cuba real‹ lernt der Urlauber auf dem Festland kennen, etwa bei einem Ausflug in die Küstenstadt **Matanzas** mit historischem Zentrum und den beeindruckenden Tropfsteinhöhlen **Cuevas Bellamar**. Oder bei einer Spritztour ins von tropischer Vegetation überwucherte **Valle de Yumurí**, das schon Alexander von Humboldt durchstreifte und als »schönstes Tal der Welt« pries.

9 Varadero

 Scheinbar endlos langer Sandstrand mit karibischer Atmosphäre und viel Baderummel.

Schon früh lebten auf Hicacos Taíno-Indios, die in den Höhlen der Halbinsel, z. B. in der Cueva de Ambrosio, *Felsmalereien* hinterließen. Nur die Mangroven an der Südseite erinnern noch an den einst dichten Wald, den die Spanier im 16. Jh. für den Schiffbau abzuholzen begannen. Piraten fanden fortan nur noch in den zahlreichen Grotten Unterschlupf.

Ab 1870 entwickelte sich Varadero zum bevorzugten Ausflugsort der reichen Kubaner aus der nahen Stadt Cárdenas. Hübsche hölzerne Sommerhäuser entstanden, an der Hauptstraße Avenida Primera sind heute noch einige erhalten. In Kubas ersten eleganten **Badeort** kamen ab den 1920er-Jahren auch millionenschwere Amerikaner – der berühmteste unter ihnen war der Milliardär *Irénée Du Pont* –, die sich hier ebenfalls Ferienvillen errichteten und ihr mondänes Leben

Tropenstimmung in Varadero – eine traumhafte Palmenkulisse umgibt die Villa du Pont

genossen: Der ›Club Nautico Varadero‹ veranstaltete regelmäßig Regatten, das Kasino im Hotel Varadero Internacional war nicht weit und *Al Capone* ging schwimmen, allerdings nur mit Leibwächter. 1959 machte die Revolution schließlich der Dekadenz ein Ende und die Privatstrände wieder den Kubanern aller Klassen zugänglich. Da wirkt es wie eine traurige Ironie der Geschichte, dass die Region heute wieder reichen Ausländern vorbehalten ist.

Strandleben mit Abwechslung

Wer in Varadero ›strandet‹ liegt goldrichtig. Ferienhäuser und Hotels säumen den flach abfallenden **Strand** mit dem feinsten Sand Kubas – wissenschaftlich erwiesen! Und vom Badelaken zur nächsten Cafeteria oder zum Grill-Imbiss ist es nicht weit.

Rund um die **Avenida Primera**, die parallel zum Strand durch das Zentrum Varaderos verläuft, ist ein Hauch echten kubanischen Lebens zu spüren: Auf den Terrassen ihrer *Holzhäuser*, die teilweise noch schön verzierte Dachgiebel aufweisen, sitzen Kubaner gemütlich auf Schaukelstühlen. Zwischen Calle 44 und 46 lädt

Diese urige Steinskulptur begegnet Sportlern auf dem Golfplatz von Varadero

ein großer *Souvenirmarkt* zum Stöbern ein, es gibt Holzgeschnitztes, T-Shirts, Strohhüte und Postkarten. Einige Gassen zweigen zum Meer hin ab, wo Bars unter Palmen auf Gäste warten. Den lang gezogenen Ort kann man gemütlich per Pferdekutsche erkunden.

Einen Ausflug wert ist die **Villa Du Pont** (Ctra. km 8, Tel. 045/66 84 82, www.

Im Delfinario mit flotten Schwimmern unterwegs – ein Erlebnis für Groß und Klein

varaderogolfclub.com), auch Mansión Xanadú genannt, ein Gebäude im Hacienda-Stil mit grünen Ziegeldächern und hölzernen Balkonen. Ihr Bauherr war der französischstämmige, im Ersten Weltkrieg zu Wohlstand gekommene US-Bürger *Du Pont*. Der Milliardär hatte 1926 große Teile Varaderos zu einem Spottpreis von vier Centavos pro Quadratmeter eingekauft und später mit Riesengewinn, für bis zu 120 Pesos, wieder verkauft. Zuvor hatte er mit dem Bau von Straßen und einem Elektrizitätswerk zur Verbesserung der Infrastruktur und damit für den Anstieg der Bodenpreise gesorgt. Nach der Revolution 1959 aber nutzte Du Pont selbst seine *Privatpolizei* nichts, er musste fliehen und seinen kubanischen Besitz aufgeben. Der 18-Loch **Golfplatz** vor der Tür der 1928–31 erbauten Villa zieht heute Golfer aus aller Welt an.

Besucher können durch die edlen *Wohnräume* der Villa Du Pont wandeln und Mahagoni-Möbel, italienische Marmorböden, bronzene Kronleuchter und Ölgemälde bewundern. Im Erdgeschoss speisen Gäste in der Bibliothek oder im ›Roten Salon‹, im 1. Stock werden sechs stilechte Zimmer an Gäste vermietet, und im 2. Stock lockt rund um die Uhr eine Bar mit Drinks und einer Stilmischung aus Art déco und maurischem Dekor.

Sehenswert ist auch der **Parque Retiro Josone** (tgl. 9–24 Uhr) am Ostrand von Varadero, eine idyllische Grünanlage mit See, Flamingos, Leguanen und einem Swimmingpool. Am Guarapo-Stand wird Zuckerrohr für süße Cocktails ausgepresst. Drei *Restaurants* am See kredenzen eine Auswahl von kubanischen, internationalen und italienischen Gerichten. Abends gibt es Livemusik.

Ein weiterer Besuchermagnet der Halbinsel ist das **Delfinario** (Autopista del Sur km 14, tgl. 9–17 Uhr, Shows tgl. 11 und

Villa Du Pont – die einstige mondäne Sommerresidenz ist heute Golfklub und Gourmet-Tempel

Varadero

Erinnerungen an eine Lagune weckt der blau-grün schimmernde See im Parque Retiro Josone

15.30, Mitschwimmen: 9.30, 11.30, 14.30 und 16 Uhr). Im Rahmen der Shows zeigen dressierte Delfine ihre Kunststücke, und wer möchte, kann gegen Aufpreis sogar mit den schnittigen maritimen Stars schwimmen und wellenreiten.

Ab in die Tiefe

In die Frühgeschichte taucht ein, wer die **Cueva de Ambrosio** (tgl. 9–16.30 Uhr) am östlichen Ende der Hicacos-Landzunge besucht. In dieser Kalksteingrotte hoch über dem Meer entdeckten kubanische Forscher 1961 *Felsmalereien*, die wohl auf die indigenen Ureinwohner zurückgehen. Die Zeichnungen in schwarzer und roter Farbe zeigen geometrische Muster, menschliche Figuren sowie konzentrische Kreise.

Ausflüge

Über die Hotels vor Ort kann man eine ganze Bandbreite an Ausflügen buchen, z.B. auf Katamaranen oder kleineren Yachten zur Cayo Blanco. Außerdem werden Schnorchel- und Tauchtouren angeboten, die die Unterwasserwelt des nordwestlich vorgelagerten **Archipiélago de Sabana** erschließen. Wem es am Strand und zu Wasser zu langweilig wird, kann auch in die Luft gehen: **Skydiving** als Solo- oder Tandemsprung. Vom Centro Internacional de Paracaidismo geht es mit einer Antonov oder einem russischen Helikopter in die Luft und anschließend via Fallschirm wieder abwärts (Club de Aviación, Ctra. Via Blanca, km 10, Tel. 05/66 72 56, http://cubairsports.itgo.com).

Praktische Hinweise

Information

Cubatur, Calle Primera esq. a 33, Varadero, Tel. 045/66 72 17, www.cubatur.cu

Flughafen

Aeropuerto Internacional Juan Gualberto Gómez, Varadero, ca. 16 km vom Zentrum, Tel. 045/53 61 23, www.varadero-airport.com

Bus

Víazul, Calle 36 y Autopista, Varadero, Tel. 045/61 48 46, www.viazul.com. Regelmäßige Verbindungen nach Havanna und Santiago de Cuba.

Rundfahrt

Varadero Beach Tour, Dauer 2 Std., tgl. 9–20.30 Uhr. Die Bustour mit 42

Varadero

Eine Poollandschaft wie aus dem Bilderbuch bietet das Hotel Meliá Varadero

Haltestellen führt an zahlreichen Hotels und Sehenswürdigkeiten vorbei und erstreckt sich über die gesamte Península Hicacos. Die Fahrt mit dem Tagesticket kann beliebig oft unterbrochen werden.

Hotels

Iberostar Varadero, Ctra. Las Morlas, km 17,5 (Punta Hicacos), Tel. 045/66 99 99, Tel. aus Deutschland 0800/664 56 39, www.iberostar.com. Zweistöckige Häuser in Kolonialarchitektur, familienfreundlich.

Meliá Las Américas, Ctra. de Las Morlas (Playa de Las Américas), Varadero, Tel. 045/66 76 00, www.meliacuba.com. All-Inclusive-Resort für gehobene Ansprüche mit 340 Zimmern und Suiten sowie Bungalows im Garten, schöne Poollandschaft, Golfplatz.

Meliá Varadero, Ctra. de Las Morlas, Varadero, Tel. 045/66 70 13, www.meliacuba.com. Modernes All-inclusive-Hotel mit allem Komfort in direkter Strandlage, kubanisches Restaurant.

Extravagant speisen und nächtigen – in der Villa Du Pont herrscht Luxus allüberall

Varadero

Royal Hicacos Resort & Spa, Autopista del Sur km 15, Varadero, Tel. 045/66 88 44, www.royalhicacos resort.com. Traumhaftes Hoteldorf am breiten Strand mit 404 originellen Suiten, 3 Pools, 4 hervorragenden Restaurants, Wellness-Spa und Fitness-Center.

Sol Palmeras, Ctra. de Las Morlas, Varadero, Tel. 045/66 70 09, www.melia cuba.com. Halbmondförmige Anlage mit luxuriösen Zimmern und 200 Bungalows in einem Garten. Zwei Pools, breiter Strand.

Restaurants

El Bodegón Criollo, Avenida Playa esq. a Calle 40, Varadero, Tel. 045/66 77 84. Uriges Lokal mit kreolischen Gerichten und kleiner Terrasse. Abends gibt es Livemusik (tgl. 12–23 Uhr, derzeit wg. Renovierung geschlossen).

La Cabañita, Calle 9 esq. a Playa, Varadero, Tel. 045/61 27 64. Kleine Strandbar im Zentrum, einfach aber nett, mit Sandwiches, Paella oder auch Hummer, Wein und preiswerten Mojítos (tgl. 9–21 Uhr).

Mesón del Quijote, Ctra. Las Américas (Bezirk La Torre), Varadero, Tel. 045/66 77 96. Spanische Küche mit kubanischem Flair, gute Steaks. Man speist auf Holzbänken. Große Weinauswahl (tgl. 12–24 Uhr).

Ristorante Dante, Parque Retiro Josone, Calle 1ra y 56, Varadero, Tel. 045/66 77 38. Italienische Gaststätte am See – winzig und gemütlich (tgl. 12–23 Uhr).

Salsa Suarez, Nr. 103 Calle 31, Tel. 045/61 20 09. In der kleinen Oase – einer Art grüner Gartenlaube – munden Gerichte wie ›Pescado al limon‹ oder ›Risotto King Crab‹. Gute Weinauswahl.

TOP TIPP **Xanadú**, Mansión Xanadú, Ctra. de Las Morlas km 8, Varadero, Tel. 045/66 84 82, www.varadero golfclub.com. Stilvolles Restaurant im einstigen Speisezimmer Du Ponts. Kredenzt werden vornehmlich Seafood und französisch inspirierte Speisen (tgl. 12–22.30 Uhr).

Nachtleben

Bar Mirador Casa Blanca, Mansión Xanadú, Ctra. de Las Morlas km 8, Varadero, Tel. 045/66 84 82, www.varadero golfclub.com. Legendäre Bar mit Livemusik und größerer Cocktailkarte: der richtige Platz für die Happy Hour (tgl. 10–23.45 Uhr).

Imposant – mittelalterlich anmutender Wasserturm beim Restaurant Mesón del Quijote

Snackbar Calle 62, Av. Primera Ecke Calle 62. Open-air-Bar mit Live-Musik – von Reggaetón über Merengue bis Salsa. Nachmittags geht´s los, aber richtig Stimmung herrscht erst später in der Nacht (tgl. 20– ca. 2 Uhr).

Club Mambo, Avenida de las Américas, nahe Sandals Royal Hicacos, Varadero, Tel. 045/66 85 65. Nightclub und Disco mit teurem Eintritt. Häufig treten hier auch Bands auf (tgl. ab 23 Uhr).

Souvenirs auf zwei Rädern – von Bongos bis Schmuck ist allerlei mit an Bord

Matanzas

Die heute verschlafen wirkende Provinzhauptstadt war einst ein bedeutender Zucker- und Sklavenhafen.

Matanzas (120 000 Einw.), die Hauptstadt der gleichnamigen Provinz, liegt an einer tiefen Bucht der Nordküste etwa 32 km von Varadero entfernt. Die 1693 an einem Naturhafen mit fruchtbarem Umland angelegte Siedlung war mit dem Handel von Tabak, Kaffee und später mit Zucker reich geworden. Der Zuckerboom erreichte Mitte des 19. Jh. seinen Höhepunkt und mit ihm auch die Sklavenhaltung. Damals wurde in der Provinz Matanzas fast die Hälfte des gesamten kubanischen Zuckers produziert, der ein Viertel der Weltproduktion ausmachte.

Heute wird Matanzas auch ›Stadt der Brücken‹ genannt. Jene überspannen die zwei Flüsse Río San Juan und Río Yumurí und verleihen der Hafenstadt gemeinsam mit den Kolonialvillen der früheren Zuckermagnaten eine sympathische Atmosphäre, auch wenn viele Gebäude arg verwittert sind.

Das historische Zentrum befindet sich zwischen Yumurí und San Juan. Hier ist es den Stadtkonservatoren gelungen, einiges von der Pracht der Kolonialzeit zu bewahren: In den engen Gassen stehen hübsche Häuser, etliche geschmückt mit Balkonen, Säulen und Kacheln. Nostalgische Gebäude sind auch am zentralen **Parque Libertad** zu finden: In der 1882 gegründeten *Farmacia Triolet*, mittlerweile das Apothekenmuseum **Museo Farmacéutico Ernesto Triolet** (Mo–Sa 10–17, So 10–12 Uhr), sind edle Zedernholzregale mit zahlreichen feinen Porzellandosen und Flakons zu bewundern, außerdem ärztliches Handwerkszeug wie Destillierkolben, Schröpfmesser, Waagen und Mörser. An der Hauptstraße nahe der Hafenbucht fällt das **Teatro Sauto** auf, ein im 19. Jh. während des Zuckerbooms errichteter Bau, dessen Inneres mit seiner säulengetragenen Galerie sehr elegant wirkt (wird derzeit renoviert). Im gegenüberliegenden, hellblau getünchten Palacio Junco, ebenfalls aus dem 19. Jh., fand das **Museo Histórico Provincial** (Di–Fr 10–17, Sa 13–17, So 10–12 Uhr) seinen Platz. Die Ausstellung illustriert die Stadtgeschichte von der Frühzeit bis zur Revolution im 20. Jh.

Ausflug

Einige Autominuten von Matanzas entfernt liegen die berühmten **Cuevas de Bellamar** (tgl. 9–17 Uhr, stdl. Exkursionen). Mit fast 3 km Länge gelten sie als Kubas größtes zugängliches Höhlensystem. Es besteht aus riesigen glitzernden Gewölben mit säulenartigen Stalaktiten und Stalagmiten, z. B. die 26 x 80 m große *Gotische Halle*. Bäche umfließen die jahrtausendealten Tropfsteingebilde, die so fantasievolle Namen wie ›Mantel des Kolumbus‹ tragen.

Ein Dschungel aus Zuckerrohrpflanzen stellt sich den Bauern bei der Ernte entgegen

11 Valle de Yumurí

Brücke mit Aussicht: die Puente de Bacunayagua hoch über dem grünen Yumirí-Tal

11 Valle de Yumurí

Herrliche Aussicht auf riesige Palmenhaine.

Auf der Fahrt von Matanzas Richtung Havanna überquert man das Valle de Yumurí mit den Flüssen Yumurí und Bacunayagua. Die 300 m lange und mit 112 m höchste Brücke Kubas, die **Puente de Bacunayagua**, verbindet die Provinzen Matanzas und Havanna und bietet spektakuläre **Ausblicke**: Zum Meer hin fällt das Valle steil ab, im Landesinneren ist das Profil hügelig. Tausende von Königspalmen stehen Spalier, am Horizont erheben sich die Kalkberge der **Cuchilla de Habana-Matanzas**.

Alexander von Humboldt hat während seiner Forschungsreise 1801 auch das Yumurí-Tal durchwandert, er war angesichts der tropischen Kulisse begeistert: »Dies ist das schönste Tal der Welt«, schrieb der Wissenschaftler in seinen Aufzeichnungen. Heute können Besucher die Gegend, in der auch eine Zuckermühle und eine alte Kaffeeplantage aus dem 19. Jh. zu besichtigen sind, auf einer Jeeptour erkunden, die von vielen Reiseveranstaltern in Varadero angeboten wird.

Zedernholzregale und Flakons im Museo Farmacéutico Ernestro Triolet in Matanzas

Die Südküste und ihre Inseln – von Krokodilen und Hängematten

Die Schweinebucht und Krokodile, Tauchen in überfluteten Höhlen, ein Schatzsee und die größten Sümpfe der Karibik – das alles klingt nach Spannung und Abenteuer. Doch an der Südküste Kubas liegen auch einige der idyllischsten Plätze der Insel, etwa die sympathische Kolonialstadt **Cienfuegos** oder die malerische Laguna del Tesoro, die zwar kaum Schätze, aber viel Erholung verspricht, z. B. beim Fischen. Riesenechsen tummeln sich wohlbehütet hinter den Zäunen der Krokodilfarm von La Boca, aber im Nationalpark der **Península de Zapata** sind auch noch einige frei lebende Exemplare anzutreffen. Die riesigen Mangrovensümpfe bieten darüber hinaus einen idealen Lebensraum für zahllose Vogelarten.

In die Schlagzeilen der Weltpresse geriet die abgelegene Region 1961, als exilkubanische Söldner mit Hilfe der CIA die **Bahía de Cochinos** (Schweinebucht) stürmten, um Fidel Castro zu stürzen. Angesichts so viel Weltpolitik sind manche Reisenden dann vielleicht reif für die Insel: **Isla de la Juventud** und **Cayo Largo** heißen die Paradiese im Karibischen Meer mit ihren langen, einsamen Stränden und dem breit gefächerten Angebot an maritimen Vergnügungen.

12 Península de Zapata

Tier- und Pflanzenparadies mit romantischer Ferienanlage.

Die Península de Zapata ist mit mehr als 500 000 ha Fläche das größte Sumpfgebiet der Karibik. Ein erster Anlaufpunkt für Ausflüge in die Region ist **La Boca** an der Straße zwischen Autopista Nacional 1 und Schweinebucht. Hauptanziehungspunkt in diesem touristischen Zentrum mit Restaurants, Souvenirshops und Keramikwerkstatt ist die Krokodilfarm **Criadero de Cocodrilos La Boca** (tgl. 9–17, im Sommer bis 18 Uhr) mit ihren rund 8000 Echsen, darunter das endemische Rautenkrokodil (Rhombifer) und das Spitzkrokodil (Acutus), welches zwischen Südflorida und Kolumbien heimisch ist. Das kubanische Krokodil übrigens ist gelb-schwarz gesprenkelt und gefährlicher als das schwarze Spitzkrokodil. Reglos liegen die Reptilien mit offenem Maul an einem umzäunten See. Nach vier Jahren Faulenzen und wöchentlichen Fütterungen wartet auf die meisten der Schlachter: Als Krokodil-Geschnetzeltes,

Mit kristallklarem Wasser lockt die Bahía de Cochinos Schwimmer und Schnorchler an

als Portemonnaie oder Gürtel bekommen die Touristen sie dann wieder zu Gesicht. Musikbands unterhalten die Besucher der Krokodilfarm.

Wer es beschaulicher mag, besteigt am Anleger ein Boot zur **Laguna del Tresoro**, dem Schatzsee, der nur über einen 4 km langen künstlichen Kanal zu erreichen ist. Am nordöstlichen Seeufer befindet sich das Hoteldorf **Villa Guamá**. Seine Gäste wohnen in durch Brücken miteinander verbundenen Holzhäuschen auf Stelzen über dem fischreichen Gewässer, das zu Ruderboot- und Angelausflügen einlädt. Bereits die Ureinwohner Kubas wussten die Gegend zu schätzen, im Wasser des bis zu 10 m tiefen Sees fand man Kultgegenstände des Taíno-Stammes. Diesem ist auch ein Freiluftmuseum auf einer der Inseln in der Laguna gewidmet. Neben einem nachgebauten Ureinwohner-Dorf sind lebensgroße Indio-Skulpturen der Bildhauerin Rita Longa zu besichtigen.

Diese lebensgroße Indio-Skulptur ist in einem rekonstruierten Taíno-Dorf zu sehen

Auf der Fahrt von La Boca nach Süden trifft man am Scheitelpunkt der Bahía de Cochinos auf **Playa Larga**, einen flachen, palmengesäumten *Sandstrand* mit einer Hotelanlage und Tauchcenter. Westlich davon dominiert das Grün der Mangroven im **Gran Parque Natural Montemar** (Zapata-Nationalpark), der nur im Rah-

Mit dem Motorboot unterwegs – das Hoteldorf Guamá erreicht man nur vom Wasser aus

men einer Führung besucht werden kann, schließlich gibt es in seinen ausgedehnten Sümpfen noch freilebende Krokodile. Die Feuchtgebiete sind ebenso Heimat vieler Schlangen, Leguane und sogar einer seltenen Süßwasserfischart – dem *Manjuarí* (Kaimanfisch oder Alligatorhecht), ein Fisch mit krokodilähnlichem Maul. Aber in erster Linie ist der Nationalpark ein Vogelparadies, in dem auch zahlreiche Zugvögel aus den USA überwintern. Ornithologen haben rund 165 Arten gezählt, darunter Falken, Papageien und gewaltige Flamingo-Kolonien mit bis zu 10 000 Exemplaren. Oft anzutreffen in dem weiten Marschland sind

Mit diesem gepanzerten Gesellen auf der Península de Zapata ist nicht gut Kirschen essen

Ibisse, Kraniche und Reiher. Von den insgesamt 22 nur in Kuba heimischen Vogelarten sind allein 18 in diesen Sümpfen zu Hause wie der Zapata-Spatz und der *Zunzuncito*. Dieser Kolibri ist ca. 6 cm groß und wiegt knapp 25 g – der kleinste Vogel der Welt!

Praktische Hinweise

Information
Empresa Forestal Integral Cienaga de Zapata, etwa 300 m vor Playa Larga, Tel. 045/98 72 49, 98 71 28, Mo–Fr 8–16.30 Uhr. Karten und Führer zum Zapata-Nationalpark, Touren auch in Hotels buchbar.

Hotels
Playa Larga, Playa Larga, Península de Zapata, Tel. 045/98 72 12, www.hotelescubanacan.com. Hotel und Bungalows an schmalem Strand. Es gibt Pool, Tauchschule und Tennisplatz. Guter Ausgangspunkt für Ausflüge in den Gran Parque Natural Montemar.

Villa Guamá, Gran Parque Natural Montemar, Península de Zapata, Tel. 045/91 55 51, www.hotelescubanacan.com. Auf künstlichen Inseln verteilen sich 44 schlicht eingerichtete Holzhäuschen auf Stelzen über dem Wasser der Laguna del Tesoro, eine der originellsten Anlagen Kubas.

Restaurant

La Cueva de los Peces, ca. 15 km südlich von Playa Larga, Península de Zapata, Tel. 045/98 55 67. Ausflugslokal mit Veranda nahe einem natürlichen Pool mit Unterwasserhöhlen (tgl. 9–17 Uhr).

13 Bahía de Cochinos und Playa Girón

Weltberühmter Schauplatz einer fehlgeschlagenen Invasion.

Die berühmte Baía de Cochinos, die **Schweinebucht**, ragt wie ein enger Schlauch etwa 20 km weit in die Sümpfe von Zapata hinein. In Playa Girón und an der Playa Larga hat sich im April 1961 eine Schlacht abgespielt, die zur »ersten großen Niederlage des Imperialismus in Lateinamerika« führte (s.u.) – so verkündet es unübersehbar das Plakat am Ortseingang von **Playa Girón**. In dem 700-Seelen-Dorf treffen sich tauch- und schnorchelbegeisterte Urlauber im gleichnamigen Hotel, Geschichtsinteressierte in dem kleinen Museum, ansonsten herrscht hier Ruhe wie bei einer Dauer-Siesta.

Die **Gedenksteine** entlang der Hauptstraße erinnern an Soldaten und Dorfbewohner, die bei den Kämpfen getötet wurden. Das **Museo Playa Girón** (tgl. 8–17 Uhr) ist an dem Militärflugzeug vor

Der unwillkommene Befreiungsversuch

Es war am 17. April 1961, als die **Invasionstruppe** aus 1500 schwerbewaffneten Exilkubanern über die Strände hinwegrollte. Die Männer waren mit Hilfe der US-amerikanischen **CIA** in Miami, Guatemala und Puerto Rico ausgebildet worden. Der militärische Plan zur Befreiung Kubas vom Kommunismus setzte auf den Überraschungseffekt, außerdem hoffte man auf die Unterstützung der Bevölkerung und der Widerstandskämpfer im Lande. Doch durch die Luftangriffe auf kubanische Militärflughäfen wenige Tage vor der Invasion war Fidel Castro bereits gewarnt und hatte seine Truppen in Alarmbereitschaft versetzt. Darüber hinaus erwies sich ausgerechnet dieses Stück Küste, da von Korallenriffen geschützt, als schwer zugänglich für Boote: eine folgenschwere Informationslücke der CIA. Und die Bewohner richteten sogar ihre Waffen gegen die Eindringlinge und hielten sie so lange in Schach, bis die Soldaten Castros erschienen. Die in dieser bitterarmen, abgelegenen Region ansässigen Kubaner hatten offensichtlich schon von den Segnungen der Revolution profitiert. Drei Tage dauerten die schweren Kämpfe, welche etwa 300 Tote forderten. Fast 1200 Kriegsgefangene wurden schließlich in die USA zurückgeschickt, im Austausch gegen Medikamente und Nahrungsmittel im Wert von rund 60 Mio. US-Dollar.

Exponat Jagdbomber – das Museo Playa Girón erinnert an den Invasionsversuch von 1961

13 Bahía de Cochinos und Playa Girón

Ein wahres Schnorchelparadies ist das türkisblaue Meer nahe Playa Girón

dem Eingang leicht zu erkennen. Anhand der Fotos von Militärs und gegnerischen Exilkubanern, ihren persönlichen Gegenständen und Waffen, Landkarten und Dokumenten können sich Besucher ein Bild von den damaligen dramatischen Ereignissen machen.

Praktische Hinweise

Hotel

Playa Girón, Playa Girón, Tel. 045/98 72 41, www.hotelescubanacan.com. 282 funktional eingerichtete Zimmer und 197 einfache Bungalows verteilen sich um einen Pool und unter Palmen auf einer Wiese am Meer.

Restaurant

Restaurante Caleta Buena, 8 km östlich von Playa Girón. Auf Seafood spezialisierte Mini-Gaststätte und Open-Air-Snackbar. Terrasse mit Blick auf die Bilderbuchbucht Caleta Buena. Schnorcheln und Sonnenbaden möglich (tgl. 9–17 Uhr).

14 Cienfuegos

Die ›Perle des Südens‹ verzaubert Besucher mit ihrer schönen Altstadt.

Cienfuegos (173 000 Einw.) entzückt als städtebauliches Juwel: Viele Gebäude der Altstadt wurden restauriert und manche kunstvoll dekorierte Fassade strahlt in fröhlichen Pastellfarben. Besonders charmant präsentiert sich Cienfuegos im Zentrum um den Platz Parque Martí. Attraktiv sind auch die Boulevard genannte Fußgängerzone und der Prado, der sich bis zur Landspitze Punta Gorda hinzieht. Im 19. Jh. wurde die Stadt im Schachbrettmuster angelegt und 2005 zum UNESCO-Weltkulturerbe erklärt. Darüber hinaus ist Cienfuegos auch ein bedeutendes Industriezentrum mit Ölraffinerie, dem drittgrößten Containerhafen und einem unvollendeten Atomreaktor.

Geschichte Auf seiner zweiten Erkundungsfahrt entlang der Südküste Kubas entdeckte Christoph Kolumbus 1494 die 20 km tiefe **Bahia de Jagua**, die sich hinter einem flaschenhalsartigen Durchlass von nur 200 m Breite auftut. Bald warfen gefürchtete Piraten wie Francis Drake und Henry Morgan in dem versteckten Naturhafen ihre Anker, von hier aus kaperten sie spanische Schiffe. Gegen Freibeuter und Schmuggler wurde Mitte des 18. Jh. als dritte der Insel eine Festung erbaut, das **Castillo de Jagua**. Cienfuegos selbst ist jedoch eine der jüngsten Städte Kubas: Am 22. April 1819 landeten französische Siedler in der Bucht und Don Luis D'Clouet y Piettre gründete die Stadt Fernandina de Jagua, die um 1830 den Namen des damaligen Gouverneurs erhielt. Die Bewohner gelangten mit dem Anbau von Zuckerrohr, Tabak und Obst zu einigem Wohlstand, der sich in den herrschaftlichen Gebäuden der ›Perle des Südens‹ genannten Stadt noch heute widerspiegelt.

Den Parque Martí säumen edle Kolonialbauten wie der Palacio del Ayuntamiento

Malerisches Zentrum

In die Zeit des Zuckerbooms zurück versetzt fühlt man sich am **Parque Martí**, dem Mittelpunkt der Stadt, mit einem *Denkmal* des Nationalhelden José Martí, dem hübschen Pavillon *Glorieta* und einer Art *Triumphtor* zur Erinnerung an die Republikgründung im Jahr 1902. Den mit Königspalmen bewachsenen Platz umstehen wahre Prachtbauten, darunter der *Palacio del Ayuntamiento*. Das

Top Tipp schönste Gebäude ist das **Teatro Tomás Terry** (tgl. 9–18 Uhr) an seiner Nordseite. Die elegante *Fassade* ist mit Stuckpilastern verziert und wird von drei mosaikgeschmückten Rundgiebeln bekrönt. Terrys Sohn ließ das Theater 1887–89 im Andenken an seinen Vater errichten. Tomás Terry hatte mit Sklaven gehandelt und Zuckermühlen betrieben und gehörte damals zu den reichsten Geschäftsleuten von Cienfuegos. Im Theater hatten Enrico Caruso und Sarah Bernhardt gefeierte Auftritte, heute finden hier Opernaufführungen, Konzerte, aber auch Singwettbewerbe und Parteikongresse statt. Der *Theatersaal* ist mit Mahagoni ausgekleidet und wird von

Säulen und Engelsfiguren schmücken den Altar im Inneren der Catedral

An der Westseite des Platzes fällt die **Casa de la Cultura** (tgl. 9–24 Uhr) ins Auge. Der Bau von 1917/18 mit seinem zierlichen Eckturm, mit seinen Säulen, Erkern, Balkonen und Balustraden, gehörte einst dem Zuckerbaron Don José Ferrer. Caruso nächtigte 1920 im einstigen *Palacio Ferrer* nach seinem Auftritt im Teatro Tomás Terry.

Gegenüber ragt die zweitürmige **Catedral** (Mo–Fr 7–12 Uhr) auf, eine imposante doch eher schlicht gehaltene Kirche, die 1869 im neoklassizistischen Stil vollendet wurde. Bemerkenswert sind ihre französischen Buntglasfenster, der säulengeschmückte Altar und die Orgel über dem Eingang.

Am Parque Martí und in der nahen Fußgängerzone laden stimmungsvolle Cafés, Galerien für Kunst und Kunsthandwerk, Souvenir- und Tabakgeschäfte zum Einkaufsbummel ein.

Potpourri der Stile

Der größtenteils von Kolonnaden flankierte **Paseo del Prado** führt vom Zentrum schnurgerade hinaus zur Halbinsel **Punta Gorda**, die den aufregendsten Bau der ganzen Stadt präsentiert, den **Palacio de Valle** (tgl. 10–23 Uhr). Dieser Palast ist eine etwas kitschig geratene, aber durchaus liebenswerte Mischung aus Märchenschloss und Burg, aus Orient und Okzident, aus Gotik, Barock und arabischem Mudéjar-Stil, wobei das maurische Dekorationselement

zwei Balkonreihen umfangen. Im Parkett sitzen die Zuschauer auf zierlichen hölzernen Klappstühlen. Über ihnen tanzen die Musen der Kunst in einem *Deckengemälde* von Camilo Salaya. Eitelkeit war dem Künstler nicht fremd, eine nackte Schöne deutet darin auf eine Uhr, die anzeigt, zu welcher Stunde Salaya das Gemälde vollendet hat. Dichterporträts zieren die Ecken.

Sommerliche Idylle unter Palmen rund um den Parque Martí mit dem Pavillon Glorieta

Maurengotik – der Palacio de Valle erinnert an ein Märchen aus Tausendundeiner Nacht

überwiegt. Allein die drei verschieden gestalteten Erker mit ihren Turmaufsätzen zeugen von der Fantasie des italienischen Baumeisters *Alfredo Colli*: Der festungsartige Turm symbolisiert die Macht, der quadratische Turm in der Mitte steht für die Religion und sein kuppelgekröntes Pendant für die Liebe.

Der 1890 erbaute Palast diente der Familie *Asisclo del Valle Blanco* als Sommerhaus. Don Asisclo war im spanischen Granada aufgewachsen und ließ als Bauherr seine Kindheitserinnerungen in die architektonischen Planungen einfließen: rundbogige Fenster mit Buntglas, gedrechselte Säulen, Mosaikböden, Stuck und farbige Kacheln. In den 1950er-Jahren kaufte ein Sohn Batistas den Palast – mit der Absicht, ein Kasino einzurichten. Die Revolution stoppte diese Pläne und eine *Kunsthochschule* bezog das Gebäude.

Im *Erdgeschoss* erwartet nun ein Restaurant seine Gäste mit Pianomusik. Eine Marmortreppe führt in den *1. Stock*: Alabaster, Bronze, Mahagoni und biblische Glasmalereien begleiten den Besucher auf Schritt und Tritt. Die *Bar* auf der Dachterrasse mit wunderbarem Ausblick auf Hafen und Stadt hat bis nachts geöffnet, oft treten hier Salsa-Bands auf.

Attraktive Ausflugsziele

1733–45 wurde zum Schutz des engen Buchtzugangs an dessen Westseite das **Castillo de Jagua** (Di–So 9–18 Uhr) errichtet. Boote bringen Besucher vom gegenüberliegenden *Hotel Pasacaballo* (Ctra. Rancho Luna km 22) zur Burg mit ihren mächtigen Vorwerken und den charakteristischen Kuppelhauben auf den Türmen. Ihr zu Füßen kauert das kleine Fischerdorf *El Perché* mit seinen verwitterten Holzhäusern. In der Festung informiert ein kleines *Museum* über die Stadtgeschichte und im Keller sind eine Waffensammlung und eine Zelle zu besichtigen. *Bar* und *Restaurant* laden im Burghof zum Verweilen ein.

Eine Fahrt durch die hügelige Weidelandschaft östlich der Stadt endet nach 14 km am **Jardín Botánico** (tgl. 8–16.30 Uhr). Auf dem Gelände ist eine der größten Palmensammlungen der Welt zu bewundern. Beeindruckend ist die Allee aus Königspalmen am Eingang und das Tal mit insgesamt 280 Palmenarten aus fünf Kontinenten. Auf 98 ha sind mehr als 2000 verschiedene Pflanzen und Bäume versammelt, die Hälfte davon kommt nur auf Kuba vor. Ein Gewächshaus präsentiert Kakteen und Orchideen aus Südamerika und Afrika.

Im **Delfinario** (Ctra. Pasacaballo km 17, Tel. 043/54 81 20, Do–Di 9–16, Shows 10 und 14 Uhr, wegen häufig wechselnder Öffnungszeiten vorher anrufen) an der hübschen **Playa Rancho Luna** zeigen Delfine und Seelöwen, was sie drauf ha-

Cienfuegos

ben. Und bei den Shows können sogar interessierte Zuschauer mitschwimmen.

Praktische Hinweise

Hotels

E Palacio Azul, neben dem Club Cienfuegos, Calle 37, entre 12 y 16, Cienfuegos, Tel. 043/55 58 28, www.hotelescubana can.com. 1921 errichtet, bietet das schmucke Palacio sieben komfortable Zimmer. Dachterrasse und Restaurant.

Faro Luna, Ctra. Pasacaballo km 18, Cienfuegos, Tel. 043/54 80 30, www.hotel escubanacan.com. Angenehmes Hotel der Mittelklasse. Hübsche Zimmer, z. T. mit Balkon über dem Meer, Pool und Tauchschule.

Jagua, neben dem Palacio de Valle, Punta Gorda, Cienfuegos, Tel. 043/55 10 03, www.gran-caribe.com. Adrettes Hotel direkt am Wasser in einer eher unattraktiven sechsstöckigen Betonhülle der 1950er-Jahre. Mit Pool, Bar, Restaurant.

La Union, Calle 31 esq. a 54, Cienfuegos, Tel. 043/55 10 20, www.hotelescubana can.com. Kronleuchter und maurische Wandfliesen, Korbsessel und Säulen – das Hotel ist eine Augenweide aus der Kolonialzeit mit Pool im hübschen Innenhof und Zimmern mit antikem Mobiliar.

Restaurants

El Palatino, am Parque Martí, Cienfuegos, Tel. 043/55 65 34. Stilvolles Café und Restaurant im ältesten Haus der Stadt.

Stimmungsvolle Atmosphäre herrscht im Nobelrestaurant des Palacio de Valle

Palacio de Valle, Punta Gorda, Cienfuegos, Tel. 043/55 12 26. Attraktives Restaurant im einstigen Sommerpalast (s. o.). Serviert wird kreolische Küche, z. B. Huhn, Fisch und riesige Hummer untermalt von Pianomusik.

Nachtleben

Club Cienfuegos, neben der Marina am Paseo del Prado, Cienfuegos, Tel. 043/51 28 91. In dem Jachtklub aus den 1920er-Jahren kann man heute Billard oder Tennis spielen und Gokart fahren. Es gibt ein Restaurant und Geschäfte. Nachts schwoft man auf der Terrasse am Ufer bei Salsa und Trova mit Livemusik oder DJ.

15 Sierra del Escambray

Gebirgiges Wandergebiet, das einst Rebellen als Unterschlupf diente.

Riesenfarne, dichte Bambuswälder, Vogelgezwitscher und rauschende Wasserfälle – Kubas zweithöchstes Gebirge ist ein Paradies für Naturfreunde. Doch dürfen sie die abenteuerliche Anfahrt auf den schlaglochübersäten Bergstraßen mit bis zu 30 % Steigung zwischen Cienfuegos im Westen, Santa Clara im Osten und Trinidad im Süden nicht scheuen. Dann jedoch bewegen sie sich auch auf historischen Pfaden: Einst war die Sierra del Escambray ebenso wie die Sierra Maestra Unterschlupf der Rebellen unter Führung Che Guevaras. Erst nachdem sie Ende 1958 im nördlich gelegenen Santa Clara den Sieg errungen hatten, gaben

Kubanischer Lastzug – Pferdekarawane vor den sattgrünen Hügeln der Sierra del Escambray

sie ihre geheimen Lager in den Bergen auf. In den 1960er-Jahren verbarg das unwegsame Gelände die Kommandozentrale der proamerikanischen Konterrevolutionäre. Doch bereits 1965 verkündete Fidel Castro den Sieg über die ›Bandidos‹. Bald darauf wurde die Region zum **Parque Nacional Topes de Collantes** erklärt und Wanderwege zu Kaskaden und Höhlen, zu Fincas und fabelhaften Aussichtspunkten angelegt.

Ein populäres Ausflugsziel mitten im Wald ist der Wasserfall **El Nicho** 40 km östlich von Cienfuegos. Er liegt zu Füßen des Pico San Juan, mit 1156 m die höchste Erhebung der Escambray-Berge, und sein Wasser stürzt in kleine Pools, die zu einem erfrischenden Bad einladen. Anschließend kann man die bergige Umgebung mit dem Hanabanilla-Stausee [Nr. 20] zu Pferde erkunden (Buchung in Hotels).

Ein ganzes Netz an Wanderwegen unterschiedlicher Schwierigkeitsgrade findet sich 20 km nordwestlich von Trinidad rund um **Topes de Collantes**. Die Siedlung selbst dominiert leider der hässliche Betonklotz des Kurhotels Escambray (www.gaviota-grupo.com), doch neben der herrlichen Natur bietet auch das Museo de Arte Cubano Contemporáneo mit Kunstwerken des 20. und 21. Jh. Entschädigung für die Augen.

Praktische Hinweise

Hotel

Los Helechos, Topes de Collantes, Tel. 042/54 01 17, 54 02 31, www.gaviota-grupo.com. Einfaches Hotel und Cabañas im Grünen auf 800 m Höhe, mit Thermalpool, Sauna und Dampfbad.

Isla de la Juventud

Pampelmusen und Korallenbänke – der Garten Kubas bietet famose Tauchreviere.

Die mit 2204 km² größte Insel vor Kubas Südküste wird vom Sumpfgürtel der **Ciénaga de Lanier** in zwei unterschiedliche Landschaften geteilt: Den Süden prägen karstige Ebenen mit weiten Waldflächen, Plantagen hingegen den mitunter bergigen Norden. Wunderbare Korallenbänke, berühmt in der Karibik, locken ein internationales Tauchpublikum auf die Isla.

Von der Piraten- zur Jugendinsel

Vor 3000 Jahren lebten auf der Insel Indios vom Stamm der Siboney, die in der Cueva de Punta del Este an der Südostküste interessante **Felsmalereien** hinterließen. Darunter finden sich auch 28 konzentrische

Isla de la Juventud

Kreise in rot und schwarz, die eventuell einen Sonnenkalender darstellen. 1494 erreichte Kolumbus das Eiland und taufte es *La Evangelista*. Im 18. Jh. diente die Insel Schmugglern und Piraten wie Henry Morgan und Sir Francis Drake als Versteck und geriet als geheimnisvolle Schatzinsel, *Isla del Tesoro*, ins Gerede. Seit dem 19. Jh. war *La Isla*, wie die Einheimischen sie auch nennen, eine **Gefängnisinsel**. Auch José Martí, Kubas Nationalheld, verbrachte drei Monate seiner insgesamt sechsjährigen Gefangenschaft hier. Ende der 1920er-Jahre wurde dann das berüchtigte Modelo-Gefängnis in Betrieb genommen, in dem später Fidel Castro einsaß.

In den 1950er-Jahren wandelte sich die Insel zum mondänen Urlaubsmekka für US-Bürger mit Jachthäfen, Nachtklubs, Bordellen und Spielhöllen. Nach der Revolution ließ Castro riesige Zitrusplantagen anlegen. Schüler und Studenten aus Lateinamerika, Afrika und den sozialistischen Bruderstaaten waren als Erntehelfer im Einsatz, dafür erhielten sie kostenlose Ausbildung. Zeitweilig lebten mehr als 150 000 von ihnen (neben den 70 000 Insulanern) auf der nun Jugendinsel getauften Isla de la Juventud.

Inselhauptstadt Nueva Gerona

Ausgedehnte **Obstplantagen** mit Zitrus- und Mangobäumen sowie von Kokospalmen gesäumte **Strände** dominieren die Insellandschaft. Wer im Januar oder Februar über das Eiland streift, wird den Duft der Grapefruit- und Zitronenblüten wahrnehmen und an heißen Tagen gibt es nichts Erfrischenderes als einen **Pinerito**, den inseltypischen Cocktail aus Grapefruitsaft, Rum und Eis.

Eine Art Wildwest-Flair zeichnet das Hafenstädtchen **Nueva Gerona** aus. Pferdedroschken beherrschen das Straßenbild und alte Fischerboote dümpeln im trägen Río Las Casas. Im Umkreis der Kirche *Nuestra Señora de los Dolores* beeindruckt die Inselhauptstadt hingegen mit ihrem kolonialen Charme. Die Häuser an der Hauptstraße *Calle 39* sind restauriert und leuchten in Pastelltönen. Unter neobarocken Giebeln und Arkaden fühlt man sich ins 19. Jh. versetzt. Marmor- und Keramikwerkstätten stehen dem Besuchern offen und in der *Casa del Agua* können sie einen Schluck Heilwasser aus den Mineralquellen der Insel probieren. Über naturgeschichtliche Besonderheiten, Flora und Fauna informiert das *Museo de Ciencias Naturales* (Calle 41, Di–Sa 9–16, So 9–12 Uhr).

Im Gefängnis Presidio Modelo war Fidel Castro fast zwei Jahre lang inhaftiert

Naturfreunden sei ein Abstecher zum **Jungla de Jones** (Mückenschutz mitnehmen) 27 km südlich der Stadt bei La Fé empfohlen. Den tropisch-üppigen Garten legten der US-amerikanische Botaniker Henry Jones und seine Frau Helen ab 1902 an. Zu bewundern gibt es u.a. für Kuba typische Königspalmen und großblättrige Yagruma-Bäume sowie einen haushohen Bambuswald.

Kubanisches Alcatraz

Etwa 5 km östlich von Nueva Gerona erhebt sich das bedrohlich wirkende **Presidio Modelo**, das Gefängnis, das Diktator Machado 1926–31 nach amerikanischem Vorbild erbauen ließ. Absolut ausbruchsicher war die Anlage mit ihren fünf großen kreisrunden Kerkertürmen. Bis zu 6000 Gefangene konnten hinter den grimmigen Mauern bewacht werden. 1967 verließ der letzte Inhaftierte das Zuchthaus, heute ist im hiesigen *Museo Presidio Modelo* (Mo–Sa 8–16, So 8–14 Uhr) die Zelle von Fidel Castro nebst diversen Dokumenten, Fotos und Utensilien anderer prominenter Insassen zu besichtigen. Castro und seine 25 Gefährten waren hier nach dem gescheiterten Angriff auf die Moncada-Kaserne in Santiago von 1953 inhaftiert. Sie nutzten die Zeit, um das ›Kapital‹ von Karl Marx und Guerilla-Strategien zu studieren. Auf Druck des Volkes wurden die Rebellen 1955 amnestiert und gingen ins Exil nach Mexiko.

Badefreuden an dunklem Strand

Angenehmer Szenenwechsel: Badefreuden verspricht einige Kilometer weiter östlich an der Nordküste der Isla das idyllische Fleckchen **Playa Bibijagua**. Das Besondere an diesem Strand ist sein feiner dunkler Sand, der seine Ursache im schwarzen Marmor der nahen *Sierra de Caballo* hat. Dieser verläuft in tieferen Schichten bis ins Meer hinein. Ein kleiner Hafen und ein Campingplatz, ein einfaches Hotel und eine Bungalowanlage laden zum Verweilen ein. Per Boot kann man Exkursionen zum Langustenfang in den vorgelagerten Korallenriffen unternehmen.

Vielfarbige Unterwasserwelt
Die meisten Touristen aber statten der Jugendinsel wegen der faszinierenden **Tauchgründe** im Inselwesten einen Besuch ab. Auf der Fahrt dorthin durchquert man das riesige Sumpfgebiet *Ciénaga de Lanier*, wo eine kleine *Krokodilfarm* (tgl. 8–17 Uhr) besichtigt werden kann. Am **Cabo Francés** endet der kubanische Inselsockel und das Meer fällt steil auf mehr als 1000 m Tiefe ab. Vor der hiesigen Küste eröffnet sich daher ein wahrhaft gigantisches Tauchrevier mit zahllosen Höhlen und Schluchten und einem unermesslichen Reichtum an Formen und Farben. Unvergessliche Erlebnisse sind an den 56 ausgewiesenen Tauchplätzen garantiert. Zu entdecken gibt es rund 500 tropische Fischspezies, mehr als 100 Arten von Schwämmen und etwa 40 Korallenarten, darunter auch die naturgeschützte schwarze *Coral negro*.

Praktische Hinweise

Hotel
El Colony, Ctra. de Sigunea, Tel. 046/39 81 81, www.hotelelcolony.com, www.nautilus-tauchreisen.de. Abgelegenes einfaches Taucherhotel mit 77 Zimmern und Bungalows, Pool und einsamen Strand.

Touren
Ecotur, Calle 24, Nueva Gerona, Tel. 046/32 71 01. Geführte Touren, u.a. zu den Felsmalereien in der Cueva de Punta del Este oder durch den Jungla de Jones. Transfer zu den Tauchrevieren im Inselwesten.

Restaurant
El Cochinito, Calle 39 esq. a 24, Nueva Gerona, Tel. 046/32 28 09. In dem kleinen Lokal werden Spezialitäten vom Schwein serviert (Mi geschl.).

17 Cayo Largo

Sonne, Meer und feinsandige Stände so weit das Auge reicht.

Nicht umsonst ist die Hängematte eines der inoffiziellen Markenzeichen von Cayo Largo, denn auf dem schmalen Inselchen im *Archi-piélago de los Canarreos* – fernab von kubanischen Alltag – steht Entspannung im Vordergrund des touristischen

Achtung Fischschwarm – faszinierende Einblicke bieten die Tauchgründe vor Cabo Francés

Cayo Largo

Inselparadies Playa Sirena – kilometerlanger Traumstrand und türkisfarbenes Meer

Daseins: Erst faulenzt man auf einer Veranda mit Blick auf das traumhafte Türkisblau des Meeres und irgendwann schlendert man dann zum All-inclusive-Happy-Hour-Cocktail.

Die feinsandigen **Strände** Lindamar, Blanca, Cocos, Tortugas sowie Playa Maltiempo, Playa Paraíso und Playa Sirena verlocken zu kilometerlangen Spaziergängen in menschenleere Gefilde – je nach Wetterlage können einzelne Strandabschnitte im Winter vorübergehend weggespült sein. Vor allem im Südosten der Insel, wo imposante Ozeanbrecher landen. Die westlichen Strände hingegen schützt ein Korallenriff vor hohem Wellengang. Die Hotels liegen nur wenige Kilometer auseinander und sind durch Spazierwege miteinander verbunden. Außerdem verkehrt dreimal täglich ein Shuttlebus zwischen Hotels und Stränden. Im Hafen *Marina Marlin* schaukeln Segeljachten, Charterboote und Ausflugskatamarane. Von hier starten auch die Motorboote zum Hochseefischen und die Fähren zur **Playa Sirena**, die der Westküste als Landzunge vorgelagert ist. Zwei Farben dominieren diesen überaus beliebten Strand, das blendende Weiß des Pulversandes, so fein wie Goldstaub, und das tiefe Blau des Meeres. Palmen vervollständigen die Traumkulisse. Riesig ist das Angebot an Wassersportmöglichkeiten, vom Jetskifahren bis zu Tauchexkursionen. An der Playa Sirena kann man dressierten Delfinen zusehen und mit den Meeressäugern im Meer baden (tgl. 10–16 Uhr).

Trotz Urlaubstrubels kommt auf der Ferieninsel auch die Tierwelt noch zu ihrem Recht. Vor allem im Frühjahr tummeln sich Tausende von Wasservögeln in den fischreichen Gewässern, darunter Pelikane, Kormorane und Möwen. Außerdem sind weite Teile der Küste mit Mangroven bewachsen, an der unwegsamen Nordseite soll es sogar noch vereinzelt Krokodile in den Lagunen geben. Auf Delfine und manchmal sogar Walhaie treffen Taucher am ehesten zwischen November und März. Eine kleine sehenswerte Schildkrötenfarm, *Granja de las Tortugas* (tgl. 8–12, 13–18 Uhr) im Hauptort **Isla del Sol** kümmert sich um die Nachkommenschaft der weltweit vom Aussterben bedrohten Meeresschildkröten, die in Sommernächten die Cayo-Largo-Strände zum Eierlegen aufsuchen. In Brutsandkästen und Bassins werden die Tiere für ein Leben in Freiheit liebevoll hochgepäppelt und anschließend im Meer freigelassen.

Praktische Hinweise

Information
Cubatur, im Hotel Sol Cayo Largo, Cayo Largo, Tel. 045/24 82 58, www.cubatur.cu

17 Cayo Largo

Hotels

Playa Blanca, Cayo Largo, Tel. 045/24 80 80, www.playablanca.cu, www.gran-caribe.com. Bunt angemalte Mehrfamilien-Häuser mit jeglichem All-inclusive-Komfort der Vier-Sterneklasse gruppieren sich rund um einen großen Pool und nahe dem Strand.

Sol Cayo Largo, Cayo Largo, Tel. 045/24 82 60, www.solmeliacuba.com. Komfortable Hotelanlage direkt am Strand. Helle und freundliche Zimmer, mit Pool und Wellnessbereich.

Sol Pelícano, Cayo Largo, Tel. 045/24 83 33, www.solmeliacuba.com. Palmengrüne Hotelanlage mit rund 300 Zimmern in zweistöckigen Bauten mit Balkonen zum Pool oder zum breiten Sandstrand.

Frei wie ein Vogel – für ihre Artgenossen auf der Schildkrötenfarm zunächst ein Traum

Restaurants

Casa de los Tradiciones Pineras Sucusucu, nahe der Marina, tgl. 10–14, 22–2 Uhr. Hier gibt es Musik, Pommes und besonders leckere Burger.

El Pirata, Marina Marlín, Cayo Largo. Open-Air-Bar mit Bocadillos (Sandwiches), Langusten und Cocktails.

Nachtleben

El Torréon, nahe der Marina, Cayo Largo. Die Disco ist Treffpunkt der kubanischen Hotelangestellten und vieler Urlauber.

Gemütliche Abendstimmung am beschaulichen Jachthafen von Cayo Largo

Trinidad, Santa Clara und Sancti Spíritus – auf den Spuren der Zuckerbarone

Ein Meer aus Grün: Weite Zuckerrohrplantagen prägen das Landesinnere der im Zentrum Kubas gelegenen Provinz Sancti Spíritus. Im 18. und 19. Jh. waren sie die Grundlage für den schier unermesslichen Reichtum der Zuckerbarone. Diese residierten vornehmlich in **Trinidad,** und die Pracht ihrer Herrenhäuser und Paläste ist in dem lebhaften Städtchen noch heute zu bewundern. Darüber hinaus gibt es jede Menge kubanischen Alltag zu entdecken: Hinter den *Rejas*, den bunten Fenstergittern, steht die Hausfrau und hält einen Plausch. Ein Alter mit Strohhut sitzt im Schatten einer Palme, im Mundwinkel die unvermeidliche Zigarre, irgendwo klappert eine Eselskarre durch die kopfsteingepflasterten Gassen.

Ebenfalls eine Reise wert sind die Städte **Sancti Spíritus**, einer der ältesten Orte in Kuba, und **Santa Clara**, wo Che Guevara in einer Schlacht der Revolution zum Sieg verhalf.

18 Trinidad

Kubas koloniales Schmuckkästchen wird von Besuchern umschwärmt.

Die isolierte Lage hinter den Bergen der Sierra del Escambray bewahrte Trinidad (75 000 Einw.) jahrzehntelang vor modernen Einflüssen. Ein Glück, denn 1988 wurde die UNESCO auf die verschlafene Stadtschönheit mit ihren einzigartigen Bauwerken aufmerksam und erklärte sie mitsamt dem angrenzenden Valle de los Ingenios zum Weltkulturerbe. Heute bietet das hübsche Trinidad nach Havanna den bedeutendsten Bestand an restaurierter **Kolonialarchitektur** auf Kuba.

Geschichte Zu Beginn des Jahres 1514 gründete **Diego Velázquez** im Auftrag der spanischen Krone und in der Hoffnung auf größere Goldfunde die dritte Villa (Kolonialstadt) auf kubanischem Boden. Im 16. und 17. Jh. lebte *Villa de la Santísima Trinidad* von Schmuggelgeschäften, wobei der Hafen Casilda sich zum Warenumschlagplatz entwickelte. Die riesigen **Zuckerrohrplantagen** mit dazugehörigem Sklavenhandel, Viehwirtschaft und Tabakanbau brachten ab der

Blick auf Trinidads Altstadt mit dem Barockturm des Convento de San Francisco de Asís

Mitte des 18. Jh. großen Reichtum. Mit ihren Prachtpalästen suchten Trinidads Zuckerbarone Havanna Konkurrenz zu machen. Die Sklavenaufstände und der opferreiche erste Befreiungskrieg gegen Spanien ab 1868 leiteten dann den wirtschaftlichen Niedergang Trinidads ein.

Vom Ruhm des Weißen Goldes

Wahrzeichen Trinidads ist der Barockturm des **Convento de San Francisco de Asís** ❶, der die *Ciudad Antigua* nördlich der Plaza Mayor überragt. Im einstigen Franziskanerkloster dokumentiert das *Museo de la Lucha Contra Bandidos* (Di–So 9–17 Uhr, jeden 2. So. geschlossen) den Kampf der Regierungstruppen unter Fidel Castro gegen Konterrevolutionäre in den Bergen der Sierra del Escambray.

Die **Altstadt**, höher gelegen als die jüngeren Stadtviertel im Süden, ist ein wahres Labyrinth aus engen Gassen und kleinen Plätzen mit holprigem Kopfsteinpflaster und schönen Innenhöfen. Einen empfehlenswerten Einstieg in die Stadtgeschichte vermittelt das **Museo Municipal** ❷ (Calle Simón Bolívar 423, auch Calle Desengaño, Sa–Do 9–17 Uhr) im *Palacio Cantero*. Dieser 1827–30 erbaute Palast besticht durch seine kunstvoll vergitterten Fenster, seinen arkadengesäumten Patio und die edlen Wohnräume mit Marmorfußböden und Zedernholzdecken. Cantero war Arzt, Schriftsteller und Besitzer von sechs Zuckerfabriken. In den Räumen herrscht noch immer Luxus. Bereits in der *Eingangshalle* sieht man Kronleuchter, raumhohe Wandspiegel, Säulen, Fresken italienischer Künstler sowie Mahagoni-Mobiliar im kubanischen *Imperio*-Stil, für den z. B. gebogene Tischbeine typisch sind. In den *Privaträumen* faszinieren goldene Uhren und Porzellan aus England. Es folgen die Zimmer mit der Ausstellung zur Stadtgeschichte. Der Gründer der ersten sieben *Villas* in Kuba, Diego Velázquez de Cuellar, ist auf einem Porträt verewigt. Dem *Sklavenhandel* ist ein eigener Raum mit Hintergrundinformationen

Trinidad

Kostbares Interieur in Trinidads Palacio Cantero, dem heutigen Museo Municipal

zur Zuckerproduktion im Valle de los Ingenios gewidmet, es werden aber auch Folterinstrumente gezeigt. Anti-Spanien-Pamphlete aus dem Jahr 1822 dokumentieren die bis Ende des 19. Jh. andauernden kubanischen Unabhängigkeitskriege. Der *Turm* des Palastes bietet schöne Ausblicke auf Trinidads malerische Gassen, begrünten Innenhöfe und vielgestaltigen Ziegeldächer. Auch das Umland mit den großen Obstplantagen, dem Küstenort Casilda und dem Fischerdorf La Boca sieht man von hier oben. Oftmals schallt Musik aus den umliegenden Patios, wie ein nicht wollender Wettbewerb konkurrierender Salsa- und Trova-Gruppen.

Museen in kolonialem Kleid

TOP TIPP Das Herz der Altstadt schlägt an der kleinen **Plaza Mayor** ❸ – ein Schmuckstück mit Königspalmen, weißen Zäunen, filigranen schmiedeeisernen Bänken und Bronzefiguren. Ringsum erheben sich die Kathedrale und die Herrenhäuser der großen Zuckermagnaten Trinidads. Im *Palacio Ortíz* an der Südseite informiert die **Galeria de Arte Universal** ❹ (tgl. 9–17 Uhr) über das Schaffen zeitgenössischer kubanischer Maler, Bildhauer und Kunsthandwerker.

Einen kleinen, aber offenherzigen Einblick in die afro-kubanische Religion [s. S. 102] ermöglicht die nahegelegene **Casa Templo de Santería Yemayá** ❺ (Calle R. Mártinez Villena 59, entre Simón Bolívar y Piro Guinart, tgl. ca. 8–16 Uhr, Spende erwünscht). In dem Haus mit dem für die Meeres-, Fruchtbarkeitsgöttin und Mut-

Ein Reigen eleganter Kolonialgebäude prägt die Plaza Mayor, im Bild der Palacio Brunet

ter der Menschheit Yemayá gewidmeten Altar bietet ein Santería-Priester bei Bedarf spirituelle Beratungen oder Reinigungszeremonien an.

Zurück auf der Plaza Major fällt der gelbe *Palacio Brunet* aus dem Jahr 1741 auf, der das **Museo Romántico** ❻ (Di–So 9.30–17 Uhr) beherbergt. Mit seinen weißen Balkongittern über dem Arkadengeschoss und den grünen Fensterläden wirkt das Haus des Grafen Brunet außerordentlich herrschaftlich. Die elegante Inneneinrichtung der 14 Ausstellungsräume lässt den *luxuriösen Lebensstil* der Kolonialzeit lebendig werden. Die Details sind interessant, manchmal belustigend: etwa die Spucknäpfe zwischen den Schaukelstühlen oder der noble Nachttopf aus rosa Opal. Ein Charakteristikum der damaligen Architektur sind im 1. Stock die rundbogigen *Fenster* zum Innenhof mit den oben strahlenförmig angeordneten Lamellen. Diese *Persianas* dienen der Belüftung und halten gleichzeitig die Sonne ab.

Im Jahr 1892 wurde die benachbarte **Iglesia Parroquial de la Santísima Trinidad** ❼ errichtet, eines der größten Gotteshäuser Kubas. Außen wirkt die Kathe-

Qual der Wahl – Trinidads Straßenhändler bieten eine große Auswahl an Souvenirs

drale eher schlicht, innen beeindrucken die aufwändigen Holzarbeiten am *neogotischen Altar*, wo dunkles Mahagoni mit hellem Zedernholz kontrastiert.

18 Trinidad

Eine flotte Sohle legen diese Tänzer als Ausdruck purer Lebensfreude hin

Hochverehrt ist die Statue des ›Cristo de Veracruz‹, die aus Spanien kommend eigentlich für Mexiko bestimmt war, doch Stürme verhinderten die Weiterfahrt des Transportschiffs. Beiderseits der Christus-Figur sind einige Heiligen-Statuen der Santería [s.S. 102f.] versammelt.

Troubadoure und Handwerker

 In der Calle Fernando Hernández Echerrí liegt die **Casa de la Trova** ⑧ (tgl. 9–24 Uhr), mit Baujahr 1777 eines der ältesten Häuser Trinidads. Und eines der lebendigsten! Das auffällige blaue Gebäude mit den weißen Säulen, den blauen Reja-Gittern und dem gelben Innenhof blickt auf die *Plaza Segarte*, auf der sich tagtäglich Touristen und Souvenirhändler treffen. Aus dem Haus schallen die Rhythmen von Bolero und Guagancó, von Son und La Guaracha. Tagsüber geben sich hier die zahlreichen *Bands* von Trinidad ein Stelldichein. Mitunter treten auch die großen Stars der kubanischen Musikszene auf. Eine *Foto-*

Zuckerrohr und Peitsche

Der Export von **Azúcar**, Zucker, machte Kuba ab der Mitte des 18. Jh. zur reichsten Kolonie der Welt. Um die riesigen Plantagen zu bewirtschaften, wurden bereits seit dem 16. Jh. **Sklaven** aus Schwarzafrika herangeschafft und ihre Anzahl stieg mit Beginn des Zuckerbooms sprunghaft an. So entwickelte sich die kubanische Zuckeraristokratie auf dem Rücken von über 1 Mio. aus Afrika verschleppter Menschen – und zeitweilig lebten auf der Insel mehr Schwarze als Weiße. Wer Glück hatte, durfte im Haushalt arbeiten oder als elegant uniformierter Fahrer, **Calecero**, die Kutsche seines Herren lenken. Doch die meisten Sklaven waren neben kräftezehrender Feldarbeit auch psychischen und körperlichen Peinigungen ausgesetzt. Mit Folterinstrumenten und Peitschen machten die Kolonialherren ihr menschliches Eigentum gefügig, die Gerätschaften sind in Trinidads **Museo Municipal** ausgestellt.

Manchen Sklaven gelang die Flucht. Sie wurden **Cimarrónes** (Wilde) genannt und lebten fortan in Angst vor Kopfgeldjägern, versteckt in Höhlen und Wäldern. Der Schriftsteller **Miguel Barnet** ließ in seinem Buch ›Der Cimarrón‹ von 1966 einen entflohenen Sklaven zu Wort kommen, den letzten lebenden Cimarrón Esteban Montejo, der als 104-Jähriger anschaulich seine Lebensgeschichte erzählt. Andere organisierten verzweifelte **Sklavenaufstände**, die im Brandschatzen von Herrenhäuser und Zuckermühlen gipfelten. Doch gegen die Übermacht ihrer Herren waren die ausgebeuteten Menschen letztendlich meist chancenlos.

Erst ab Mitte des 19. Jh. wendete sich das Blatt: Der Zuckerpreis sank auf dem Weltmarkt, denn inzwischen produzierte man in Europa den süßen Saft auch aus Zuckerrüben. Viele Plantagenbesitzer wanderten nun nach Havanna und Santiago de Cuba ab. Andere wandten sich fortan selbst gegen die Sklaverei. So etwa der berühmt gewordene **Carlos Manuel de Céspedes**, der seine Sklaven freiließ, mit seinen liberalen Ideen andere Großgrundbesitzer überzeugte und den ersten Bürgerkrieg 1868 ausrief [s. S. 118]. Doch erst im Jahr 1886 wurde die Sklaverei in Kuba endgültig abgeschafft. Die Zuckerrohrplantagen aber hatten Bestand. Über Jahrzehnte hinweg gehörte das süße Gut zu den wichtigsten Exportgütern des Landes. In den 1970er-Jahren wurden Spitzenwerte von mehr als 8 Mio. t Jahresernte erreicht. Doch seit dem Zusammenbruch der Sowjetunion ging es steil bergab. Anfang des 21. Jh. erreichte die Produktion mit 2 Mio. t einen historischen Tiefstand, und die Hälfte der 156 Zuckerrohrfabriken wurde geschlossen. Schließlich rief Fidel Castro 2005 das Ende der 300-jährigen Zuckerära aus – allerdings zu früh, wie sich herausstellte. Bereits ein Jahr später gab er wegen steigender Weltmarktpreise die Losung aus, die alten Zuckerrohrfelder so schnell wie möglich zu rekultivieren.

Der Torre Iznaga im Valle de los Ingenios diente einst zur Bewachung der Sklaven

Trinidad

Son, Trova, Salsa – Musikbands sorgen für Stimmung in den Gassen von Trinidad

ausstellung ehrt die berühmtesten Troubadoure der Stadt.

Das Haus an der Straßenecke links daneben ist das älteste Trinidads, es wurde in der ersten Hälfte des 18. Jh. errichtet. Beachtenswert sind die gedrechselten *Rejas* (Gittervorbauten), die von kleinen Ziegeldächern bekrönt werden.

Dass Handwerk in Trinidad Tradition hat, beweist die Familie Santander, die seit 1886 Keramik produziert. In der **Casa del Alfarero** ❾ (Keramikwerkstatt, Calle Andrés Berro Macías 9, Mo–Fr 8–12 und 14–17 Uhr) kann man den Künstlern bei der Arbeit zusehen und anschließend ihre Produkte erwerben.

Ausflug

Nach dem Stadtbesuch kann ein Sprung in die Fluten der Karibik Erfrischung bringen. Die **Playa Ancón** 12 km südlich von Trinidad hat einen feinen Sandstrand, einen der schönsten und breitesten der Südküste. Außerdem verfügt sie über zwei Hotels und vor der Küste über gute Tauchgründe.

Praktische Hinweise

Verkehrsmittel

Trini Bus. Shuttlebus zwischen Trinidads Touristenattraktionen und den Stränden.

Trén turístico, tgl. 9.30 Uhr. Historische Lok ins Valle de los Ingenios.

Hotels

Brisas Trinidad del Mar, Península Ancón, Trinidad, Tel. 041/99 65 00, www.cubanacan.cu. All-Inclusive Strandhotel im Stil eines Dorfes. Insbesondere junges Publikum.

Hostal Las Palmas, Calle Real 145, Casilda, Trinidad, ca. 4 km außerhalb des Zentrums, Tel. 041/99 52 00, www.trinidad-cuba.de. Zwei komfortable Zimmer bei deutsch-kubanischem Ehepaar. Verwunschener Garten mit Mangobäumen und Mini-Pool, reichhaltiges Frühstück.

Bummel einer Mutter mit Baby in der malerischen Altstadt von Trinidad

Originell – in der Grotten-Disco Ayala heizen heiße Rhythmen den Tänzern mächtig ein

Club Amigo Costasur, Punta María Aguilar, Trinidad, Tel. 041/99 61 74, www.cubanacan.cu. Anlage mit Zimmern zum Meer/Pool sowie schöne Bungalows am kleinen felsigen Strand.

Iberostar Grand Hotel, Calle José Martí 262 (am Parque Céspedes), Trinidad, Tel. 041/99 60 70, www.iberostar.com. In dem restaurierten lindgrünen Kolonialpalast wohnt man luxuriös wie ein Zuckerbaron – auf Wunsch mit Butler.

Sandra y Victor, Calle Maceo (Gutierrez) 613A entre Calles Piro Guinart (Boca) y Pablo Pisch (Guaurabo), Trinidad, Tel. 041/99 64 44, www.hostalsandra.com. Die nette Privatunterkunft liegt am Ende einer ruhigen Gasse mitten in der Altstadt. Zwei klimatisierte Zimmer im ersten Stock mit Veranda, Schaukelstühlen und großer Dachterrasse.

Restaurants

La Plaza Mayor, Calle Ruben Martinez Villena esq. a Calle Zerquera (nahe Plaza Mayor), Trinidad, Tel. 041/99 31 80. Im Innenhof sitzt man unter Palmen und Avocadobäumen. Mittags viele Reisegruppen, dazu Büffet und Musik, abends kann man à la carte speisen.

Sol y Son, Calle Simon Bolivar 283, Trinidad, Tel. 041/99 29 26. Der lang bewährte Paladar bietet leckere Nudelgerichte, Hühnchen, Schwein und Fisch in vielen Variationen. Kleine Cocktailbar im hübschen begrünten Innenhof (tgl. 12.30–14 und 18–23 Uhr).

Nachtleben

Casa de la Música, Plaza Mayor. Oberhalb der Treppe gibt es traditionelle Livebands, die allabendliche Salsa-Tanz-Show beginnt ab 22 Uhr gratis am Platz unten.

La Canchánchara, Calle Ruben Martinez Villena, Trinidad, Tel. 041/99 41 36. Die Bar mit begrüntem Patio ist bei Touristen beliebt. Spezialdrink ist *Canchánchara*, ein süßes Gebräu aus Aguardiente-Rum, Zitronensaft und Honig (tgl. 9–18 Uhr).

19 Valle de los Ingenios

 Zuckermühlen gaben dem reizvollen Tal seinen Namen.

Zuckerrohrfelder, Palmenhaine und im Hintergrund die grün bewaldete Bergkette der Sierra del Escambray – das Valle de los Ingenios, auch Valle San Luís genannt, bietet grandiose Fotomotive. Kuba wie aus dem Bilderbuch! Im etwa 250 km² großen Tal nordöstlich von Trinidad, dessen besonders fruchtbare Böden seit dem 18. Jh. mit Zuckerrohr bebaut wurden, gab es zeitweilig bis zu 50 *Ingenios*, Zuckermühlen. Heute sind in der wun-

19 Valle de los Ingenios

derschönen Landschaft noch 15 *Herrenhäuser* der Zuckerbarone mit Sklavenbaracken, Lagerräumen sowie Zuckerrohrpressen und Maschinen erhalten – teils jedoch nur als Ruinen. Einen ersten herrlichen Ausblick über das Zuckerrohrtal genießt man bei einem Cuba libre oder einem Saft aus der Zuckerrohrpresse etwa 4 km nach der Stadtgrenze von Trinidad vom **Mirador Loma del Puerto**.

Das beliebteste Ausflugsziel 13 km von Trinidad aber ist der **Torre Iznaga** (tgl. 8–17 Uhr) im Dorf Manaca, der von weitem bereits den Weg weist. Der siebenstufige, nach allen Seiten in hohen Arkaden geöffnete Turm galt im 19. Jh. als höchstes Bauwerk Kubas. Seine 136 Stufen können bis zur schwindelerregenden Höhe von 44 m erklommen werden, dort oben belohnt eine phänomenale Aussicht die Kletterer. Die beiden Söhne des *Zuckerbarons Iznaga* sollen den Turm um 1835 aufgrund einer Wette erbaut und später zur Überwachung der Sklaven genutzt haben.

Praktische Hinweise

Restaurant
Manaca Iznaga, Manaca, Tel. 041/ 99 72 41. Kreolisches Restaurant im einstigen Herrenhaus des Zuckerbarons Iznaga. Terrasse mit Panorama und musikalischer Untermahlung (tgl. 8–17 Uhr).

Im Valle de los Ingenios wurde im 18./19. Jh. der Reichtum der Zuckermagnaten erwirtschaftet

20 Embalse Hanabanilla

Der Stausee Hanabanilla mäandert durch die Bergwelt der Sierra del Escambray

Der idyllische Stausee mitten im grünen Bergland bietet gute Aussichten – auch für Angler.

Eine liebliche Wald- und Hügellandschaft umgibt den Embalse Hanabanilla: Der 1972 angelegte **Stausee** (32 km²) schlängelt sich wie ein Fjord durch die grünen Berghänge der Sierra del Escambray. Etwa 30 *Campesinos* (Kleinbauern) siedeln an seinen Ufern, züchten Schweine, Kühe, Hühner und Ziegen für die Selbstversorgung und bauen Zitronen, Mangos, Reis und *Malanga* (Taro) an. An die unbewirtschafteten steilen Hängen klammern sich Königspalmen, Kiefern und ein paar Ziegelsteinhäuschen. Die meisten Bergrücken sind jedoch ziemlich kahl, Mahagoni und Zedern wurden frühzeitig abgeholzt. Dennoch konnten sich in der Gegend etwa **200 Orchideenarten** behaupten. Das ein oder andere Exemplar kann mit etwas Glück auf einer der kurzen ausgewiesenen Wanderungen am Seeufer entlang bewundert werden.

Ein guter Ausgangspunkt für Exkursionen ist das Hotel Hanabanilla (s. u.) im Nordwesten des Sees. Besonders beliebt sind **Angeltrips**, kann man im klaren Wasser doch bis zu 9 kg schwere Prachtexemplare von Bachforellen fangen. Oder man unternimmt eine Bootsfahrt zum Restaurant *Río Negro* mit seinen hübschen palmwedelgedeckten Pavillons in Regenwaldkulisse. Nachdem man sich mit typisch kubanischer Bauernkost gestärkt hat, kann man eine kurze Wanderung zum **Mirador** mit schöner Aussicht über den See und die umliegenden Hügel unternehmen.

Embalse Hanabanilla

ℹ Praktische Hinweise

Hotel

Hanabanilla, Salto de Hanabanilla, Manicaragua, Tel. 042/20 84 61, www.islazul.cu. Das auch bei kubanischen Touristen beliebte Hotel ist der beste Ausgangspunkt zum Angeln und Wandern. Einfacher Standard in idyllischer Landschaft, Pool und Aussichtsterrasse.

21 Santa Clara

Dem Mythos Che Guevaras auf der Spur.

Santa Clara (236 000 Einw.), die moderne Provinzhauptstadt nördlich der Sierra del Escambray, verdankt ihre internationale Bekanntheit **Che Guevara**, der hier nicht nur seine letzte Ruhestätte gefunden hat sondern auch seine bedeutendste Schlacht im Bürgerkrieg schlug: Am 29. Dezember 1958 überfiel er mit rund 300 Rebellen vor den Toren Santa Claras den **Tren Blindado** aus Havanna. In den 22 Waggons des gepanzerten Zuges stapelten sich Gewehre, Munition, Handgranaten und Abwehrgeschütze, die eigentlich für die Regierungssoldaten im Osten des Landes bestimmt gewesen waren. Nun dienten sie den Partisanen zur Eroberung Santa Claras. Damit war die »letzte Bastion des Tyrannen Batista« gefallen, zwei Tage später verließ der Diktator fluchtartig das Land. Ein kubanischer Fotograf zielte damals mit seiner Kamera auf das Geschehen. Seine Bilder veranschaulichen nun im **Monumento al Tren Blindado** (nordwestlich des Zentrums, Ctra. Central y Ctra. de Manicaragua, Mo–Sa 9–17 Uhr) am Originalschauplatz in Originalwaggons die Kämpfe. Gezeigt werden außerdem Flugblätter, Besitztümer und Waffen der Soldaten und Rebellen.

Heldenverehrende Universitätsstadt

Im Zentrum von Santa Clara herrscht heute beschauliche Ruhe: Ein hübscher Boulevard, die **Calle Independencia**, mit

Der klassizistische Palacio Provincial erhebt sich am Parque Vidal in Santa Clara

Santa Clara

Heldenverehrung – Che-Guevara-Memorial auf der Plaza de la Revolución von Santa Clara

Kolonialarchitektur sowie ein stattlicher Hauptplatz, **Parque Vidal**, umstanden von so prächtigen Gebäuden wie dem 1885 errichteten *Teatro de la Caridad* und dem klassizistischen *Palacio Provincial* machen den Aufenthalt angenehm. Auch das *Museo de Artes Decorativas* (Mo–Do 9–18 Uhr, Fr–So 14–18 Uhr) mit Mobiliar und Kunstgegenständen aus der Kolonialzeit befindet sich am Platz und bietet abends eine schöne Kulisse für Konzerte.

Ein geradezu magischer Anziehungspunkt für Kubaner wie Touristen ist das **Museo y Monumento Memorial Ernesto Che Guevara** (Di–So 9.30–17 Uhr) auf der Plaza de la Revolución. Auf einem hohen Sockel steht Guevaras *Bronzestatue* (6 m), bewaffnet und in Kampfuniform, auf dem riesigen *Relief*, darunter sind Szenen aus seinem Leben dargestellt. Der Besuch der *Begräbnisstätte* mit den sterblichen Überresten von Che Guevara, Tamara Bunke und ihren Gefährten ist streng reglementiert. Man darf nicht fotografieren oder laut sprechen. Die Kubaner verehren den Revolutionär und die deutschstämmige Rebellin noch heute sehr. Unzählige Gedichte und Lieder handeln von ihrem Mut und Idealismus und ihrer Opferbereitschaft.

Alle 38 im Mausoleum Bestatteten sind 1967 im bolivianischen Guerillakampf getötet worden. Die reliefierten Gesichter auf den Wandgrabplatten scheinen sich im Licht der ›ewigen Flamme‹ zu bewegen. Erst 1997 wurden die Gebeine Che Guevaras in Bolivien wieder entdeckt und nach Santa Clara gebracht, ein Jahr später folgten die Überreste von Tamara Bunke. Sie hatte den argentinisch-kubanischen Revolutionär 1960 in der DDR kennengelernt und schloss sich wenig später als einzige Frau den Befreiungskämpfern in Bolivien an.

Eine Ausstellung beleuchtet das Leben Che Guevaras. Gezeigt werden Briefe, Dokumente, Fotos sowie persönliche Gegenstände wie Füller, Fernglas und Kamera.

Praktische Hinweise

Information
Cubatur, Calle Marta Abreu 10, entre Calle Gómez y Villuendas, Santa Clara, Tel. 042/20 89 80, www.cubatur.cu

Hotel
La Granjita, Ctra. a Malezas km 21,5, Santa Clara, Tel. 042/21 81 91, www.cubanacan.cu. Die schöne Anlage außerhalb

Mit dem Ziegentaxi durch Santa Clara – ein Vergnügen für die ganz Kleinen

der Stadt verfügt über zweigeschossige achteckige Holzhäuser im Schatten von mächtigen Königspalmen, dazu Pool und Restaurant.

22 Sancti Spíritus

Angenehme Kolonialstadt am Ufer des Yayabo.

Sancti Spíritus (42 000 Einw.) wurde 1514 von Diego Velázquez als eine der sieben ersten Siedlungen (Villas) auf kubanischem Boden gegründet. Wie Trinidad erlangte die heutige Provinzhauptstadt durch den Zuckerrohranbau erheblichen Wohlstand, jedoch nie die Berühmtheit der Metropole der Zuckerbarone. Zum Glück, wie viele Besucher finden, denn in der hübschen Altstadt herrschen angenehme Atmosphäre und geschäftiges Treiben vor kolonialer Kulisse – ohne übermäßigen Touristenrummel. Wer durch die Gassen und die schöne Fußgängerzone *Bulevar* schlendert, stößt auf Oasen der Ruhe, kleine Plätze und Kirchen. Das bedeutendste Gotteshaus ist die **Parroquial Mayor del Espíritu Santo**, erbaut 1522, später mehrfach verändert. Im Inneren ist die schöne Holzdecke sehenswert.

Rund um die **Plaza Parque Sánchez** (auch Plaza Central) sind restaurierte neoklassizistische Stadtpaläste versammelt – imposante Bauten mit Arkadengeschossen sowie Fassadendekor aus steinernen Löwen und Säulen, Kapitellen, mächtigen Holzportalen und schmiedeeisernen Rejas.

Daneben gibt es kleinere schindelgedeckte Häuser zu bewundern. Sie haben noch die typischen Holztore mit Klappen und Minitüren. Durch diese *Postigos* können die Bewohner Post entgegennehmen oder ein Schwätzchen mit den Spaziergängern halten, ohne das Portal ganz öffnen zu müssen. Bestes Beispiel für die Kolonialarchitektur ist die kopfsteingepflasterte **Callejón del Llano** nahe der dreibogigen Yayabo-Brücke. Durch diese älteste Gasse der Stadt flaniert man vorbei an niedrigen Häuschen mit schweren Holztüren, gusseisernen Laternen und verschnörkelten Balkongittern.

Eine der schönsten Kolonialvillen, im Jahr 1744 erbaut, birgt das **Museo de Arte Colonial** (Calle Plácido 64 esq. a Jesús Menéndez, Di–Fr 9.30–17, Sa 14–17, So 8–12 Uhr). Hier sind antike Möbel aus dem Besitz der durch Zucker zu Reichtum gekommenen Familie Valle Iznaga ausgestellt. Alles wirkt so, als würden die Bewohner jeden Augenblick nach Hause kommen. Tatsächlich verließ der letzte Nachfahre, Javier de Valle, 1961 die Stadt und das Haus ging in Staatsbesitz über. Einen besonderen Reiz bietet ein Rundgang am frühen Morgen, wenn die Sonne durch diese bunten *Vitrales* scheint und das Innere durch faszinierendes Lichtspiel verzaubert.

Andrang herrscht häufig in der **Casa de la Trova Miguel Companioni Gómez** in der Calle Máximo Gómez. Mindestens zwei beliebte Trova-Bands treten hier regelmäßig an den Wochenenden auf, die Gruppe ›*Coro de Clave*‹ und die Musiker von ›*La Parranda*‹. Ihre mitreißenden Lieder halten die bäuerliche Folklore lebendig. Die Sessions beginnen manchmal schon nachmittags.

Praktische Hinweise

Hotels

Hostal del Rijo, Calle Honorato del Castillo 12, Sancti Spíritus, Tel. 041/32 85 88. Der Kolonialbau aus dem 19. Jh. verfügt über einen Mini-Pool und eine Bar auf der Dachterrasse mit Aussicht über Sancti Spíritus. Die 16 großzügigen Zimmer sind im Standard der Mittelklasse ausgestattet, einige besitzen einen Balkon. Im lauschigen Innenhof bewirtet ein Restaurant seine Gäste.

Encanto Plaza, Independencia No. 2, Sancti Spíritus, Tel. 041/32 71 02. Im Herzen der Altstadt gelegenes, gemütliches Hotel im Kolonialstil mit 28 komfortabel ausgestatteten Zimmern und einem Mirador auf dem Dach.

Villa Rancho Hatuey, Ctra. Central km 383, Sancti Spíritus, Tel. 041/36 13 15, www.islazul.cu. Weitläufiger Komplex vor der Stadt, 77 Zimmer, Pool.

Casa Bulevar, Calle Independencia 17 Sur (Fußgängerzone), Sancti Spíritus, Mobil-Tel. 05/337 71 78, 041/32 67 45 (Festnetz Nachbar). Hochherrschaftlichen Altbau mit eigenem Mini-Bad, großem säulengetragenen Speisesaal und Balkon.

Restaurant

Quinta de Santa Elena, Callejón del Llano esq. a Padre Quintero, nahe der Yayabo-Brücke, Tel. 041/32 81 67. Lokal am Fluss auf der Terrasse einer Kolonialvilla. Kubanische Hausmannskost.

Schnörkel und Glanz – betagte Karosse vor gezierter Front in Sancti Spíritus

Im Herzen Kubas – durch Bauernland zu wunderschönen Stränden

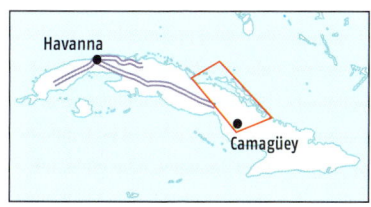

Unzählige Inseln, Flamingos, Korallenbänke und Fischschwärme, Segeljachten und Strandidylle: Vor der Nordküste Kubas erstreckt sich der **Sabana-Camagüey Archipel**, auch bekannt unter dem Namen Cayería del Norte, über 400 km. Als eines der längsten Korallenriffe der Welt schützt er die kubanische Nordküste vor der Zerstörungskraft des Meeres, in den seichten Gewässern ist eine der größten Flamingo-Kolonien der Karibik beheimatet. Der Schriftsteller Ernest Hemingway erkundete einst die rund 400 Inseln des Archipels und beschrieb die paradiesische Szenerie im Roman ›Inseln im Strom‹.

Die Region, die sich damals noch wild und unberührt präsentierte, wartet heute mit attraktiven Feriendomizilen für Strandurlauber auf, so z. B. die Badeorte auf **Cayo Santa María**, auf **Cayo Coco** und an der **Playa Santa Lucia**. Sehenswerte koloniale Kleinodien sind die Provinzhauptstadt **Camagüey** mit einem Netz aus alten Gassen und dem Flair vergangener Zeiten und das charmante kirchengeschmückte **Remedios**.

23 Cayo Santa María

TOP TIPP *Luxusinselchen mit weißen Traumstränden.*

Man muss kein Boot besteigen, um auf das Inselchen Cayo Santa María vor den Toren des Fischerortes *Caibarién* und des Kolonialstädtchens *Remedios* [Nr. 24] zu gelangen. **El Pedraplén**, eine Dammstraße (gebührenpflichtig, Pass mitnehmen), führt rund 50 km weit in den Atlantischen Ozean hinaus und passiert dabei unzählige Eilande, bevölkert von Reihern, Kormoranen und Flamingos. Zum Schutz des sensiblen Ökosystems wird der Damm von 46 Brücken unterbrochen um den Wasseraustausch auf beiden Seiten zu gewährleisten.

Auf dem Weg nach Cayo Santa María mit seinem luxuriösen All-Inclusive-Ferienresort passiert man **Cayo Las Brujas** mit Flughafen und Marina. Am weithin einsamen Strand gibt es ein kleines Mittelklasse-Hotel. Weiter im Osten folgt **Cayo Ensenachos**, auf der eines der edelsten Resorts Kubas entstanden ist: das *Iberostar Ensenachos*.

Oben: *In der Provinz Camagüey hüten Vaqueros mit Pferd und Lasso ihre Rinder*
Unten: *Der Engelsfisch lebt in den Korallenriffen vor der Nordküste der Zuckerinsel*

Die drei Inseln warten neben den attraktiven Unterkünften auch mit weißen **Strände** auf, die im Sommer *Meeresschildkröten* zum Eierlegen anziehen. Man kann nur hoffen, dass die bedrohten Tiere nicht durch weitere Hotelanlagen vertrieben werden. Abwechslung zum Strandleben verspricht Wassersport aller Art: Segeltörns sowie Schnorchel- und Angelausflüge werden auf Wunsch von den Hotels arrangiert. Tierische Abwechslung vom Stranddasein bietet die Marina auf der Cayo Las Brujas mit Delfin-Shows in einer großen Meerwasser-Arena.

Praktische Hinweise

Flughafen
Las Brujas International Airport, Cayo Las Brujas, Tel. 042/35 00 09, bisher nur Flüge nach/von Havanna.

Bus
Auf den Inseln zwischen den Hotels und Delfinario verkehrt ein zweistöckiger Open-Air-Bus.

Hotels
Melía Cayo Santa María, Cayo Santa María, Tel. 042/35 02 00, www.meliacuba.com. Schönes Strand-Resort bestehend aus lauter kleinen Villen.

23 Cayo Santa María

Türkisfarbenes Meer, schneeweiß und puderfein gesäumt – Trauminsel Cayo Coco

Iberostar Ensenachos, Cayo Ensenachos, Tel. 042/35 03 01, www.iberostar.com. Ca. 500 Zimmer und edel ausgestattete Suiten mit viel Marmor und Designermöbeln. Gourmet-Küche und Butler-Service, der schon Stars wie Sting verwöhnte.

Villa Las Brujas, Farallón de las Brujas, Playa La Salina, Cayo Las Brujas, Tel. 042/35 00 23, www.gaviota-grupo.com. 24 rustikale kleine Cabañas an einer Bucht unweit des winzigen Strandes. Die meisten Häuschen haben Terrasse und Meerblick. Rechtzeitig buchen!

24 Remedios

Kolonialstädtchen mit zwei Kirchen und weihnachtlichem ›Karneval‹.

Das charmante Kolonialstädtchen Remedios (46 000 Einw.) wurde 1530 gegründet und ist somit einer der ältesten Orte Kubas. Am Hauptplatz **Parque Martí**, wo Bicitaxis, Ochsenkarren und *Mulos* (Taxis mit Eselantrieb) auf Kunden warten, stehen gleich zwei alte katholische Kirchen. Die beigefarbene **Parroquial Mayor San Juan de Bautista** (Mo–Do 9–12 Uhr) ist um 1550 entstanden und gilt als eine der ersten Kirchen Kubas. Sie wurde im Laufe der Jahrhunderte mehrfach verändert. Das äußerlich schlichte Bauwerk mit dem dreistufigen Glockenturm beeindruckt im *Innern* mit einem vergoldeten Altar

aus Zedernholz. Bildschön ist auch die mit Mahagoni getäfelte Kirchendecke im Mudéjar-Stil aus dem Jahr 1756. Schräg gegenüber an der Südseite des Platzes steht die *Iglesia de Nuestra Señora del Buen Viaje*, ein Bau aus dem 18. Jh., der nach einem Brand im 19. Jh. erneuert wurde.

Zu großer Lebensfreude erwacht Remedios im Dezember, wenn die **Parranda** gefeiert wird: Bei der Prozesssion am

Schulfrei – im Zentrum von Remedios eilen Kinder in Richtung Iglesia del Buen Viaje

24. Dezember ziehen zwei konkurrierende Stadtteile mit geschmückten Wagen, viel Musik, Tanz und knallenden Feuerwerkskörpern durch die Stadt. Am 25. oder 26. Dezember übergibt dann der Gewinner des bunten Wettbewerbs dem Verlierer einen ›Sarg‹, und die besten Kostüme werden prämiert. Im kleinen **Museo de las Parrandas Remedianas** (Calle Máximo Gómez 71, Di–Sa 8–12 und 13–17, So 8–12 Uhr) erhält man einen Eindruck von dem karnevalesken Treiben, dessen Tradition bis ins 17. Jh. zurückreicht.

Sehenswert ist auch das **Hotel Mascotte** mit antik-knarrendem Mobiliar und nettem Restaurant: In dem ehrwürdigen Gemäuer am Parque Martí konferierten im Februar 1899 die kubanischen Freiheitskämpfer mit den Amerikanern. Der Anführer der Kubaner und heutige Nationalheld *General Máximo Gómez* nächtigte in einem der zehn Zimmer.

Praktische Hinweise

Restaurant

Las Arcadas, Hotel Mascotte, Parque Martí, Remedios, Tel. 042/39 51 44.
Das Lokal in hübscher Kolonialarchitektur bietet typisch kubanische Kost mit preiswerten Fleisch- und Fischgerichten.

25 Cayo Coco

Dorado für Naturliebhaber, Strand- und Wassersportfans.

Ein Damm führt von San Rafael 20 km hinaus zur mittleren Inselgruppe des Sabana-Camagüey Archipels mit der Trauminsel Cayo Coco. Neben den palmenbestandenen Hotelstrände beherrschen Mangroven, Karstgestein, viele Zwergpalmen und die rotstämmigen Almácigo-Bäume das flache Landschaftsbild der Cayos, die unter Naturschutz stehen und über ein ökologisches Forschungszentrum verfügen.

Die höchsten Erhebungen der Inselgruppe sind der Leuchtturm auf der nur von Fischern bewohnten **Cayo Romano** im Südosten und der **Parador La Silla** (tgl. 9–18 Uhr) mit rustikalem Ausflugslokal: Von diesem Aussichtsturm am Rande des Dammes lassen sich mit Glück und einem guten Fernglas die scheuen *Flamingos* in der Ferne erspähen. Andere der rund 300 Vogelarten in der Region sind allgegenwärtig, wie die *Pelikane*, die beim Fischfang nur knapp über die wenig befahrene Landbrücke schweben oder der *Coco*, der weiße Ibis, nach dem Cayo Coco benannt ist. Darüber hinaus

Cayo Coco

treffen Wanderer gelegentlich auf Leguane und ungiftige Schlangen, Wildschweine und sogar Wildpferde.

Wer mehr über Fauna und Flora der Inseln erfahren möchte, sollte den **Ökopfad Las Dolinas** im Norden Cayo Cocos begehen (beim Restaurant *Cueva del Jabalí*, unbedingt Mückenschutz auftragen): Mehr als 2 km lang schlängelt sich der Weg über Wurzeln und Lianen, vorbei an kleinen Seen. Bei Führungen, die in Hotels gebucht werden können, erläutert ein Biologe die traditionelle Verwendung der Hölzer und Pflanzen, die beiderseits des Pfades wachsen. So erfährt man z. B., dass aus den weichen *Almácigo*-Stämmen Särge geschnitzt werden und dass die wuschelige palmenartige *Yarey* als Strohhut und Hausdach noch heute Verwendung findet. Und wer hätte gedacht, dass der *Güira*-Baum zum Salsa beiträgt: Seine runden Früchte werden ausgehöhlt, getrocknet und in Maraca-Rasseln verwandelt.

Beliebt bei Urlaubern ist ein Tagesausflug zum **See bei Morón**, den man via Dampflok aus dem Jahr 1927 erreichen kann. Unterwegs kann man auch eine kleine Krokodilfarm sowie eine einstige Zuckermühle besichtigen (den Ausflug bieten fast alle Hotels auf Cayo Coco an).

Ausflug

Das benachbarte Eiland **Cayo Guillermo** besteht aus 13 km² Marschland und weiten Stränden, mitten in dem »besten und fischreichsten Gewässer, das man überhaupt in seinem Leben entdecken kann«, so Hemingway. Auf dem Inselchen haben die Kubaner einen Strand nach seiner Jacht benannt, die schöne **Playa Pilar** am Westzipfel mit Blick auf den kleineren *Cayo Media Luna*. Sanddünen türmen sich auf Haushöhe, die berühmten Korallenbänke liegen nicht weit entfernt. Diese Naturwunder reichen in eine Tiefe bis zu 40 m, wo sich Myriaden von tropischen Fischen tummeln, Taucher haben eine Sichtweite von bis zu 20 m – ein kunterbuntes, maritimes Dorado.

Praktische Hinweise

Flughafen

Aeropuerto Jardines del Rey, Cayo Coco, Tel. 033/30 91 65, http://cayococo.airportcuba.net

Bus

Ein Touristenbus fährt tagsüber diverse Stationen an, man kann beliebig ein- und aussteigen.

Hotels

Iberostar Daiquirí, Cayo Guillermo, Tel. 033/30 16 50, www.iberostar.com. Edelkomplex in einem Architekturmix aus Hacienda-Stil und Lego-Bau. An einem weiten feinsandigen Strand.

Meliá Cayo Guillermo, Cayo Guillermo, Tel. 033/30 16 80, www.meliacuba.com. Komfortable Bungalows im üppigen Garten, teils mit Balkon oder Terrasse. Poollandschaft.

Sol Cayo Coco, Playa Colorada, Cayo Coco, Tel. 033/30 11 80, www.meliacuba.com. Vier-Sterne-Familienhotel am herrlichen Strand: 270 große Zimmer mit Atlantikpanorama liegen um die Poollandschaft. Livemusik, Shows und Animation.

Tryp Cayo Coco, Playa Larga, Cayo Coco, Tel. 033/30 13 00, www.meliacuba.com. Am langen Strand wohnt man in villenartigen Bungalows (508 Zimmer), Restaurants mit Fischspezialitäten.

Villa Cayo Coco, Ctra. a Cayo Guillermo, Cayo Coco, Tel. 033/30 21 80. Etwas abseits der Riesen-Resorts wirkt diese Anlage geradezu winzig mit 48 Zimmern in Bungalows der Drei-Sterne-Klasse am Meer. Pool.

Restaurants

La Cueva del Jabalí, Tel. 033/30 12 06. Lokal in einer labyrinthischen Höhle, Spezialität: *Spanferkel* auf kubanisch, dazu eine Kabaret-Show. Als Abendausflug im Hotel zu buchen.

Reiches Vogelleben – Reiher lieben die Mangrovensümpfe rund um Cayo Coco

Karibiktraum: Poollandschaft mit Atlantikpanorama an der Playa Colorada auf Cayo Coco

Sítio La Güira Rancho Los Márquez, Ctra. a Cayo Guillermo, Cayo Coco, Tel. 033/30 12 08. Eine Ausflugsranch der Rumbos-Kette, auf der man kubanische Farmtiere kennenlernen und Reitausflügen unternehmen kann. Snacks und kubanische Speisen (tgl. 9–22 Uhr).

26 Camagüey

Die verwinkelte Stadt der Tonkrüge ist UNESCO-Weltkulturerbe.

Die Hauptstadt der größten kubanischen Provinz und mit rund 400 000 Einwohnern auch drittgrößten Stadt Kubas hat sich zum kulturellen und wissenschaftlichen Zentrum entwickelt: Das *Ballet de Camagüey* ist berühmt und tritt, wenn nicht gerade in der Welt unterwegs, im Teatro Principal auf. Und die *Universität* zieht viele junge Kubaner aus allen Landesteilen an. Zugleich besitzt Camagüey noch heute ein Stadtbild, das eher durch *Kirchtürme* als durch Hochhäuser bestimmt wird. Klassizistische Gebäude reihen sich an wahre Schmuckstücke im Neokolonial- oder Jugendstil. Es ist eine Lust, über die vielen kleinen Plätze zu schlendern und sich seinen Weg durch das Gewirr enger Gassen zu suchen, vorbei an hübschen Fassaden und niedrigen, rot bedachten und mit kunterbunten Rejas geschmückten Häusern. 2008 erklärte das UNESCO-Komitee Camagüey zum Weltkulturerbe, nicht nur wegen der historischen Bausubstanz sondern auch wegen seiner für Lateinamerika ungewöhnlichen labyrinthischen Stadtstruktur, die dem Schutz vor Piratenangriffen dienen sollte.

Geschichte Als Diego Velázquez die ersten sieben kolonialen Villas im Namen der spanischen Krone gründete, hatte er mit dem ursprünglichen Standort für *Santa María del Puerto del Príncipe* im Jahr 1515 keine gute Wahl getroffen: Die kleine Siedlung an der Bucht von Nuevitas an der Nordküste war ständigen Angriffen von Seeräubern und Indios ausgesetzt. Auch nach der Verlegung von 1528 an den heutigen Platz im Landesinneren lockte die prosperierende **Handels- und Viehzüchterstadt** weiterhin Korsaren an, Henry Morgan plünderte sie 1668 und steckte viele Häuser in Brand. Erst 1903 erhielt die Stadt ihren heutigen Namen, der auf indianischen Wortschatz zurückgeht: Camagüei oder Camagüebax war der Legende nach ein *Kaziken-Häuptling* dieser Region, der von den Kolonialisten ermordet wurde.

Camagüey

Geschichten vom Tonkrug

Wahrzeichen von Camagüey sind die **Tinajones**, jene mannshohen, bauchigen Tonkrüge, die seit dem 16. Jh. zum Auffangen des Regenwassers hergestellt wurden. Denn im Zentrum der spanischen Kolonie herrschte stets Wassermangel. Später dienten sie auch zum Aufbewahren von Wein. Heute sind die Krüge nicht mehr aus dem Stadtbild Camagüeys wegzudenken. Viele Exemplare stammen aus dem 19. Jh., das älteste jedoch ist 1760 datiert. Die Tinajones, die auf Plätzen und in Gärten stehen, sind allerdings Nachbildungen.

Viele Legenden und Geschichten ranken sich um diese Tongebilde. Man erzählt sich, dass ein Befreiungskämpfer im 19. Jh. auf der Flucht vor den spanischen Soldaten nur entkam, weil er sich in solch einem Krug versteckt hielt. Und auch, dass, wer aus einem dieser Gefäße trinkt, sich verlieben und für immer in Camagüey bleiben wird.

Besichtigung Die größte Attraktion der denkmalgeschützten Altstadt ist die im 18. Jh. angelegte **Plaza San Juan de Dios** – ein besonders stimmungsvoller Platz mit Kopfsteinpflaster, belebt von Spaziergängern und Fahrradfahrern. Farbenprächtige Häuschen mit braunroten Dächern, verschnörkelten Laternen und bunt gefärbten Reja-Gittern vor den Fenstern bilden die Kulisse. Typisch sind die *Holzbalkone* mit ihren winzigen, schindelgedeckten Dächern. Eine Platzseite nimmt die schlichte **Iglesia de San Juan de Dios** (1728) mit einem großen kasernenartigen Anbau ein. Der Komplex war früher Kloster und Sanatorium, heute beheimatet er das stadthistorische *Museo de San Juan de Dios* (Di–Sa 9–17, So 9–12 Uhr). Genüsslich speisen kann man im stilvollen Innenhof des Restaurants *La Campana de Toledo* (s. u.), das in einem der ältesten Privathäuser (1748) Camagüeys untergebracht ist.

Im Herzen der Altstadt, wo sich ab 1528 der Waffen- und Exerzierplatz befand, liegt der **Parque Agramonte** mit vier stattlichen Königspalmen an den Platzecken. In seiner Mitte rahmen einige *Tinajones*-Tonkrüge das bronzene *Reiterdenkmal* (1916) des Generalmajors *Ignacio Agramonte*. Der camagüeyanische Freiheitskämpfer fiel im ersten Bürgerkrieg 1873 und ist hier in theatralischer Pose verewigt. Im Süden steht die 1530 erbaute und immer wieder erneuerte Kirche **Nuestra Señora de la Candeleria**, im Westen das Kolonialgebäude der **Casa de la Trova Patricio Ballagas**, wo abends Musiker ihr Bestes geben. Kunstliebhaber erhalten in der **Casa de Arte Jover** (Mo–Sa 9–12 und 15–17 Uhr) Einblick in Leben und Werk von zwei der bedeutendsten Malern der Gegenwart, Joel Jover und Ileana Sánchez.

Rund 500 m weiter westlich ist die **Plaza del Carmen** mit ihrem gleichnamigen Gotteshaus (1825) und ihren modernen Bronzefiguren, die Einheimische

Kleinod in kolonialem Kleid – die bezaubernde Plaza San Juan Dios in Camagüey

Edle Kolonialbauten erheben sich auch an der Plaza de los Trabajadores

in ganz alltäglichen Situationen darstellen – beim Schwatz mit Freundinnen, Karrenschieben oder Zeitungslesen –, eine Oase der Ruhe.

Nordöstlich wird die *Plaza de los Trabajadores* von der etwas klobig wirkenden Kirche **Nuestra Señora de la Merced,** 1748 gebaut, nach Brand 1909 erneuert, überragt. Gegenüber kann man die gelb getünchte **Casa Natal de Ignacio Agramonte** (Mi–Sa 9–17, So 8.30–11.30 Uhr) besuchen, in der 1841 der Rechtsanwalt Ignacio Agramonte geboren wurde. Das Herrenhaus aus dem 18. Jh. mit dem umlaufenden zierlichen Holzbalkon im 1. Stock bewahrt persönliche Gegenstände, Urkunden und Möbel aus dem Besitz des Volkshelden.

1850 feierlich eingeweiht wurde das drei Häuserblocks weiter nördlich gelegene **Teatro Principal** (Calle Padre Valencia 64, Tel. 032/29 30 48). In den Goldenen 1920er-Jahren begeisterte Enrico Caruso hier das kubanische Publikum. Hinter der säulengeschmückten *Fassade* verbirgt sich ein hübsches Foyer. Eine elegante Freitreppe, hohe Spiegel und Palmen zieren den Raum. Star auf dieser Bühne ist das **Ballet de Camagüey**. Im Oktober/November findet hier alle zwei Jahre (2015, 2017; im Wechsel mit Havanna, dort 2014, 2016) ein Ballett-Festival statt.

Praktische Hinweise

Information

Cubatur, Avenida Agramonte 421, entre Maceo y Independencia, Camagüey, Tel. 032/25 47 85, www.cubatur.cu

Flughafen

Ignacio Agramonte International Airport, Ctra. de Nuevitas km 8, Camagüey, Tel. 032/26 10 10

26 Camagüey

Parkplatz für Fahrradrikschas – wie wärs mit einer kleinen Rundfahrt?

Hotels

Delfin y Elena, Calle San Ramon 171 entre Calles Santa Rita y San Esteban, Camagüey, Tel. 032/29 72 62, E-Mail: casadelfiny elena@yahoo.es. Eine grüne Patio-Oase mitten in der Altstadt bei einem netten älteren Ehepaar: Ein Zimmer mit Bad.

Gran Hotel, Calle Maceo 64, entre Agramonte y General Gómez, Camagüey, Tel. 032/29 20 93, www.islazul.cu. In der Fußgängerzone gelegenes Kolonialhaus mit 72 schönen, aber sehr kleinen und teilweise fensterlosen Zimmern.

Innenhof mit Mini-Pool. Elegantes Dachrestaurant mit schönem Ausblick.

Restaurants

El Ovejito, Calle Hermanos Agüero 280, entre Calles Honda y Carmen (Plaza del Carmen), Camagüey, Tel. 032/29 25 24. Das Lokal in einem alten Herrenhaus bietet Lammgerichte und andere kreolische Speisen (Mi–So 12–22 Uhr).

La Campana de Toledo, Plaza San Juan de Dios, Camagüey, Tel. 032/28 68 12. Kreolische und internationale Gerichte in einem schönen Innenhof.

27 Playa Santa Lucia

Sonnenflirts und Tauchabenteuer am Rande des nördlichen Bauernlands.

Leuchtend gelbe Felder begleiten den Reisenden auf seinem Weg an die Nordküste: Windräder drehen sich gemächlich in der savannenartigen Landschaft, wo Rinderherden grasen, am Straßenrand lüften Cowboys zur Begrüßung ihre Hüte. Ziel der Reise durch dieses Bauernland ist einer der fabelhaftesten Strände der Karibik, die Playa Santa Lucia. Sonnenschirme, Segelboote und Surfbretter stehen an dem breiten, 21 km langen Sandstrand bereit, wo schon ab 7 Uhr morgens die ersten Jogger und Sonnenanbeter anzutreffen sind. Zum verlockenden Tagesprogramm gehören Tauchen und

Camagüey gibt sich repräsentativ mit Bogengängen und stuckverzierten Fassaden

Playa Santa Lucia

In den Morgenstunden ist der Sandstrand von Playa Santa Lucia noch menschenleer

Schnorcheln am vorgelagerten Korallenriff: Etwa 50 Korallenarten warten auf Entdeckung – darunter die *Coral negro*, die schwarze Koralle. Rund 500 farbenfrohe Fischspezies begrüßen die Zweibeiner in ihrer Unterwasserwelt. Fortgeschrittene Taucher dürfen sich in *Schiffswracks* wagen, etwa ins Dampfschiff ›Mortera‹, das vor über 100 Jahren in der benachbarten *Bahía de Nuevitas* sank. Schon der Tiefsee-Experte Hans Hass (1919–2013) und sein Kollege Jacques-Yves Cousteau (1910–97) tummelten sich in den Gefilden vor Playa Santa Lucia – auf den Spuren von Haien, Delfinen, Seekühen und Barrakudas.

Ausflug

4 Mio. Rinder werden in der Provinz Camagüey gezüchtet, d. h. auf jeden Camagüeyano kommen sechs Rinder. Das *Ganado criollo* (kreolische Vieh) ist eine Kreuzung aus Holsteinischen Kühen und asiatischen Zebu-Rindern mit den typischen Höckern und Brustlappen. Es liefert – vor allem für die Hotels – Fleisch und Milch, die der normale Kubaner bzw. die Kleinkinder und Alten immerhin gelegentlich gegen Bezugsscheine, die *Libreta*, in den Peso-Läden erhalten.

Auf der **Rancho King** (ca. 20 km südlich von Playa Santa Lucia, Mobil-Tel. 05219 41 39, tgl. 9–17, Show: Mi 10 Uhr, Tour mit Transfer, Lunch und Pferderitt in allen Hotels zu buchen) zeigen die *Vaqueros*, wie kubanische Cowboys ihren Job mit bis zu 5000 Rindern erledigen. Der vormalige Besitzer, Richard King, stammte aus Rio Grande in den USA. Nach der Revolution 1959 beschlagnahmte der Castro-Staat die Ranch und machte aus dem Gelände ein Erholungsgebiet. Zur Show gehören Lassowerfen, Viehtrieb, Reitkunststücke und Rodeo. Angeboten werden auch Reitausflüge und Kutschfahrten. Ein rustikales Freiluft-Restaurant versorgt die Gäste mit Grillfleisch, u. a. Rindersteaks.

Praktische Hinweise

Hotels

Brisas Santa Lucía, Playa Santa Lucia, Tel. 032/33 63 17, www.hotelescubanacan.com. Gepflegte Zimmer in zweistöckigen Häusern, mit Riesenpool und All-inclusive-Versorgung.

Club Amigo Caracol, Avenida Turística, Playa Santa Lucia, Tel. 032/36 51 58, www.hotelescubanacan.com. Familien-All-Inclusive-Hotel mit Pool und Strand.

Der Nordosten –
Kolumbus und die Indios

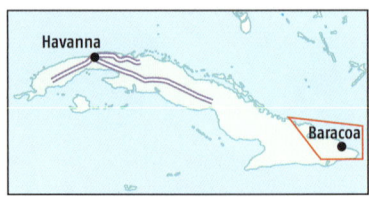

Auf den Spuren der Geschichte wandelt der Reisende im Nordosten Kubas, ging hier doch vor mehr als 500 Jahren der spanische Entdecker Christoph Kolumbus an Land. Die damaligen Bewohner der heutigen Bahamas hatten ihm zuvor den Weg nach Cubagua gewiesen – das indianische Wort für ›Goldfundstätte‹. Und so betrat der Große Admiral in der Hoffnung auf unermessliche Reichtümer am 28. Oktober 1492 in der **Bahía de Bariay**, westlich des heutigen Urlauber- und Badezentrums **Guardalavaca**, erstmals kubanischen Boden.

Einen Abstecher wert ist **Baracoa**: Der kleine Ort hält noch immer eine Art Dornröschenschlaf, versteckt am äußersten Ostzipfel Kubas inmitten der tropischsten Vegetation. Im regenwaldähnlichen **Parque Nacional Alejandro de Humboldt** mit seinen seltenen Tieren und vielfältigen Vegetationsformen können Wanderer die Wunder der Natur erkunden.

Auch wenn in Kuba keine ›echten‹ Indios mehr leben, sind die Spuren ihrer Existenz in dieser Region allgegenwärtig: In **Chorro de Maíta** entdeckten Archäologen den größten Friedhof der Ureinwohner, die durch die Kolonialisten des 16. Jh. ausgerottet worden waren.

28 Bahía de Bariay und Gibara

Vom Landeplatz des Kolumbus in ein malerisches Fischerstädtchen.

Die Landschaft rund um die Bahía de Bariay erinnert an die Kindertage der Erde: Steile Karstkegel und -türme ragen aus dem welligen Umland empor, Jahrmillionen altes Urgestein in grünem Mantel. Unverkennbar ist der gebuckelte **Silla de Gibara**, ein Sattelberg, der Kolumbus den Weg nach Kuba gewiesen haben soll.

»Dies ist das schönste Land, das menschliche Augen je gesehen haben. Der Strand ist voll von Tausenden von Muscheln. Welch reine Luft und ständig eine überwältigende Symphonie von Vogelgesang«, soll Kolumbus nach seiner Landung ausgerufen haben. Angesichts der weiten Bucht, die das türkisfarbene Meer umarmt, wird seine Begeisterung verständlich. Zwei Denkmäler erinnern an der stillen **Bahía de Bariay** an die Entdeckung Kubas am 28. Oktober 1492. Das eindrucks-

Sonne satt, Strand und ein Liegestuhl unter Palmen – Entspannung pur in Guardalavaca

vollere, 1992 im *Parque Monumento Nacional Cristóbal Colón* (tgl. 9–17 Uhr) errichtete Monument aus griechischen Säulen und indianischen Götterstatuen soll das Eindringen der Alten in die Neue Welt symbolisieren. Auf der gegenüberliegenden östlichen Seite der Bucht, nahe der **Playa Blanca**, steht ein wenig beachteter *Gedenkstein* mit den historischen Daten der Entdeckung. Der hiesige Strand und die nahe **Playa Don Lino** laden zum Sonnen und Baden ein.

Eine Schotterstraße entlang der Sattelberge (über den Ort Loma del Cedro) verbindet die Bahía de Bariay mit **Gibara** (29 000 Einw.), einem ruhigen Fischerstädtchen rund 30 km nördlich der Provinzhauptstadt Holguín. Am Ortsrand passiert man die Ruine eines spanischen **Forts**, entlang der Küste gibt es eine Meerespromenade, **Malecón**, sowie einen **Hafen**, in dem einige Jachten ankern. Das Zentrum rund um die **Plaza Calixto García** lädt zu einem entspannten Bummel ein. Cremefarben leuchtet die **Iglesia San Fulgencio** mit ihren beiden kuppelgekrönten Türmen aus der Stadtkulisse hervor. Neben dem Gotteshaus lehnen Kränze an einem kleinen *Denkmal* für José Martí. Einen Einblick in das einstige Leben wohlhabender Kolonialherren gewährt das **Museo de Arte de Gibara** (Calle Independencia 19, entre Luz Caballero y J. Peralta, Mo–Sa 8–12 und 13–17, So 8–12 Uhr) in einem neoklassizistischen Palais. Hier sind Alltagsgegenstände aus dem 18. und 19. Jh. zu bewundern.

Praktische Hinweise

Hotels

Villa Don Lino, Playa Blanca, Tel. 024/43 03 08 und 43 03 10, www.islazul.cu. Rustikal-einfache Bungalows mit Meerblick und Pool an einer kleinen mit Sand aufgeschütteten Felsbucht.

Ordoño, Calle J. Peralta entre Donato Mármol y Independencia, Gibara, Tel. 024/84 44 48, www.hotelescubanacan.com. Kolonialanwesen aus dem 19. Jh. mit säulengetragenen Zimmern, Marmorbädern und Dachterrassen-Bar.

Restaurant

Vista Azul, Avenida Lenin 64, Gibara. Leckeres und preiswertes kubanisches Seafood bei luftigem Stadtpanorama über den Dächern Gibaras.

Guardalavaca – weiße Sandstrandträume und blaues Farbenspiel so weit das Auge reicht

29 Guardalavaca und Museo Chorro de Maíta

TOP TIPP *Ferienort mit schneeweißen Stränden und ein Ausflug in die indianische Vergangenheit.*

›Hüte die Kuh!‹ – der Ortsname Guardalavaca verheißt eine Idylle in bäuerlicher Umgebung. Für das Hinterland trifft dies sogar zu. Doch der abgelegene Küstenort 54 km nordöstlich von Holguín hat sich längst zum trubeligen **Urlaubsmekka** entwickelt, das keinen Vergnügungswunsch offen lässt. Tag und Nacht geben die Animateure der Hotels ihr Bestes. Dazu sorgen zwei Buchten mit feinsandigen Stränden und glasklarem Wasser, mit Souvenirshops, Discos und Tauchzentrum für karibisches Feriengefühl.

Die Landschaft mit ihren kleineren und größeren Buchten gehört zum mangrovenreichen Naturschutzgebiet **Bahía de Naranjo**. Mehrere Strände reihen sich in diesem Teil der Nordküste, auch Playa Costa Verde oder Costa Esmeralda genannt, aneinander. An die schöne **Playa Guardalavaca** schließt sich die **Playa Esmeralda** (Estero Ciego) an. Weiter westlich liegen die kleine **Playa Pesquero** sowie die feinsandige **Playa Turquesa** (auch Playa Yuragunal) mit dem Luxushotel *RIU Playa Turquesa* (s. u.). Vor der Küste erstreckt sich ein Korallenriff.

Geboten sind Strandleben, Tauch- und Schnorchelexkursionen sowie Segeltörns. Das **Acuario Cayo Naranjo** (tgl. 9–21 Uhr, Shows: tgl. 10.30 Seelöwen und 12 Uhr Delfine) sorgt für Unterhaltung. Sind die Delfine nicht mit den Shows beschäftigt, kann man mit ihnen schwimmen. Der **Bioparque Rocazul** (tgl. 9–16 Uhr) bietet geführte Wandertouren und Ausritte durch den Wald. Beliebt sind auch Spaziergänge oder Fahrradtouren durch den **Grupo Maniabón**, eine der landschaftlich reizvollsten Gegenden Kubas, in der sich mit Palmen bewachsene Hügel und Täler aneinanderreihen. Man durchquert Dörfer und fährt an Zuckerrohr-, Mais- und Tabakfeldern vorbei.

Von der Straße nach Banes zweigt ein steiler Weg zum **Museo Chorro de Maíta** (ca. 5 km südlich von Guardalavaca, Di–Sa 9–17, So 9–13 Uhr) ab, einem Ausgrabungsgelände mit dem größten präkolumbischen Friedhof der Antillen. Bereits vor etwa 2000 Jahren lebten hier Angehörige des Aruaco-Stammes, die zu den Taínos gehören. Die gefundenen *Gräber* stammen aus den Jahren zwischen 1490 und 1540. Unter den 108 ausgegrabenen *Skeletten* befindet sich nach Auffassung der Wissenschaftler auch das eines Spaniers. Es hat als einziges keine Deformation am Schädel – ein Merkmal, das auf Indianerriten hinweist: Mit Holzbrett und Band soll die Stirn von Kindern flachgepresst worden sein. Außerdem sind rund 15 000 Fundstücke gesammelt worden, viele davon befinden sich im *Museo Baní-Indocubano* (General Marrero 305, Di–Sa 9–17, So 8–12 Uhr) von **Banes** (ca. 30 km östlich). Unter den hier verbliebenen Exponaten sind Keramikvasen, Korallenketten, Reste

29 Guardalavaca und Museo Chorro de Maíta

von Baumwollkleidern, Medaillons aus Kupfer und Steinwerkzeuge.

Gegenüber kann man das nachgebaute Taíno-Dorf **Aldea Taína** (tgl. 9–17 Uhr) besichtigen und wird sogleich begrüßt von *Yaya*, dem Schöpfer des Universums. Er symbolisiert eine von 32 Gottheiten, welche die Taíno-Mythologie bevölkern. Die Besucher wandeln durch luftige *Caney*-Rundhütten der Häuptlinge und Medizinmänner, vorbei an den Feldern und an den Arbeitshütten der Frauen, stets begleitet von kundigen Führern, die Wissenswertes über den Alltag der kubanischen Ureinwohner erzählen. Im Restaurant werden Speisen nach altüberliefertem Rezept serviert, dazu gibt es Fladenbrot aus *Casaba* (Maniok).

Praktische Hinweise

Flughafen
Frank País International Airport, Ctra. Central, Vía Bayamo km 15, Holguín, Tel. 024/46 25 12, http://holguin.airportcuba.net

Bus
Ein Open-Air-Doppeldeckerbus verkehrt tagsüber (unregelmäßig) zwischen den diversen Buchten und Hotels.

Hotels
Brisas Guardalavaca, Calle 2, Playa Guardalavaca, Tel. 024/43 02 18, www.brisasguardalavaca.com. Verschachtelte Häuschen und ein moderner Hotelbau:

Zeugnis alter Kultur – unübersehbares Indioidol im Museo Chorro de Maíta

437 große Zimmer der Mittelklasse, zwei Pools, Disco, Kinderklub, zwei italienische Lokale.

 Paradisus Rio de Oro Resort & Spa, Playa Esmeralda, Ctra. de Guardalavaca, Tel. 024/43 00 90, www.meliacuba.com. Eines der besten – aber Erwachsenen vorbehaltenes – Hotels in Kuba mit Villen, die sich an mehrere Strände und über einen Hügel verteilen.

Museo Chorro de Maíta – den Indios auf der Spur in einem nachgebauten Taíno-Dorf

29 Guardalavaca und Museo Chorro de Maíta

Grünanlage des Hotels Brisas Guardalavaca – und immer der herrliche Meeresblick

Zimmer mit Himmelbetten und Freiluft-Bädern. Vielseitiges Speiseangebot in sieben Restaurants von japanisch über französisch bis BBQ. ›All-inclusive‹ vom Begrüßungs-Champagner bis zu Volleyball, Fitness, Wassersport, und Tauchen.

RIU Playa Turquesa, Playa Turquesa, Rafael Freyre, Tel. 024/43 35 40, www.riu.com. Kinderfreundliche Hotelanlage in bunten, zweistöckigen Häusern (500 Zimmer), fünf Restaurants (u. a. italienisch, asiatisch), sechs Bars und sieben durch Kaskaden verbundene Pools.

Playa Pesquero, Playa Pesquero, Rafael Freyre, Tel. 024/43 05 30, www.gaviota-grupo.com. Um die ausgedehnte Poollandschaft des Luxusresorts locken Bars und acht Restaurants (italienisch, mexikanisch, kubanisch, international).

Restaurants

Conuco Mongo Viña, Playa Estero Ciego, nahe Playa Esmeralda, Tel. 024/43 09 15. Kubanische Spezialitäten mit Aussicht über die Bahía de Naranjo (tgl. 12–14.30 Uhr).

El Ancla, Playa Guardalavaca (Westende), Tel. 024/43 03 81. Gutes Fischlokal.

El Cayuelo, Playa Guardalavaca, Tel. 024/43 07 36. Beliebtes Strandlokal mit guten Speisen (tgl. 9–23 Uhr).

Bei einem Dinner unter freiem Himmel den Tag an der Playa Esmeralda ausklingen lassen

Restaurante Acuario Cayo Naranjo, Playa Esmeralda, Tel. 024/43 01 32. Frischer Fisch und Meeresfrüchte gehören zu den Spezialitäten dieses Restaurants am Strand.

30 Parque Nacional Alejandro de Humboldt

Seltene Tiere und vielfältige Vegetationsformen in Kubas letztem Stück Urwald.

Der Parque Nacional Alejandro Humboldt (Besuch nur mit offiziellem Führer) mit seiner üppig grünen Berglandschaft erstreckt sich ca. 40 km westlich von Baracoa. Er wurde von der UNESCO zum Weltnaturerbe erklärt. Der Nationalpark trägt den Namen des deutschen Naturforschers und Geografen Alexander von Humboldt (1769–1859). Nirgendwo sonst in Kuba gibt es so viele Vegetationsformen wie in diesem 60 000 ha großen Regenwald: von diversen Palmenarten über urzeitliche Baumfarne und kubanische Kiefern bis hin zu Teakbäumen und Mahagoni.

Der Nationalpark ist Teil der Bergkette **Cuchillas del Toa** (auch *Alturas de Baracoa*) und wurde mit deutscher Hilfe eingerichtet. In der fast kreisrunden **Bahía de Taco** kann man mit etwas Glück noch eine Kolonie der seltenen, 500–1000 kg schweren und bis zu 5 m langen *Manatís* (Rundschwanzseekühe) beobachten. Das bis zu 1200 m hohen Bergland ist Heimat der ebenfalls vom Aussterben bedrohte maulwurfartige *Almiquí* (Soledonon cubanos) und des Königsspechts *Carpintero Real* (Campephilus principalis bairdii). In diesem letzten Stück Urwald der Insel rasseln Zikaden um die Wette und pfeifen Papageien im Orchester, Greifvögel schweben majestätisch über den Tälern und die lehmigen *Wanderwege* verwandeln sich immer wieder in schlammige Rutschbahnen. Je mehr Regen hier niederprasselt, desto imposanter sind die **Flüsse** und **Wasserfälle**, desto grüner die ganze herrliche Landschaft.

Praktische Hinweise

Information

Centro de Visitantes,
Ctra. Baracoa a Moa, Tel. 024/38 14 31.
Allgemeine Informationen sowie geführte Wanderungen.

30 Parque Nacional Alejandro de Humboldt

Auf den Spuren des deutschen Naturforschers im Parque Nacional Alejandro de Humboldt

Cubatur, Calle Maceo esq. Pelayo Cuevo in Baracoa, Tel. 021/64 53 06, www.cubatur.cu. Tagesausflüge in den Nationalpark.

Ecotur in Baracoa, Calle Colonel Cardoza 24 entre Mariana Grajales y Primero de Abril, Tel. 021/64 36 65.

31 Baracoa

Eine Stadt wie aus einer anderen Welt, die das Land mit Bananen, Kaffee, Kakao und Kokosnüssen versorgt.

Auf dem holprigen Schotterweg zwischen Moa und Baracoa (82 000 Einw.) führt die Reise mitten durch die Tropen. Die Vegetation des Nationalparks Alejandro de Humboldt wuchert in sämtlichen Grüntönen bis über die Fahrbahn. Alle 35 Palmenarten Kubas scheinen sich hier ein Stelldichein zu geben. 75 % aller kubanischen Kokosnüsse kommen aus dieser fruchtbaren und regenreichen Region. An der Küstenstraße hebt sich die Silhouette der nur hier vorkommenden spindeldürren Manágua-Palme von dem azurblauen Meereswasser ab.

Wegen seiner Abgeschiedenheit – vor der Revolution gab es nicht einmal eine asphaltierte Küstenstraße hierher – hat sich Baracoa den Charme einer Kolonialstadt bewahrt. Üppige Natur, eine asiatisch inspirierte Küche mit Kokosaroma, einige schwarze Sandstrände und die überaus liebenswerten und kontaktfreudigen Bewohner machen das häufig von Tropenstürmen gebeutelte Städtchen auch für Besucher attraktiv.

Geschichte   Ab dem 27. November 1492 hielt sich **Christoph Kolumbus** für etwa eine Woche in der Bucht von Baracoa auf. Er ließ ein Holzkreuz errichten und unternahm Expeditionen auf den fünf hier mündenden Flüssen – der indianische Name Baracoa bedeutet frei übersetzt ›viel Wasser‹. Am 15. August 1511 gründete der spanische Gouverneur Diego Velázquez in der Bucht die **erste Siedlung** auf kubanischem Boden, *Nuestra Señora de la Asunción de Baracoa*. Vier Jahre behauptete sich das abgelegene Nest im Nordosten als **Hauptstadt** Kubas, bis schließlich im Jahr 1515 Santiago de Cuba für diese Rolle auserkoren wurde.

Besichtigung   Die drei kleinen Forts von Baracoa sind Relikte der Korsarenära und des spanisch-britischen Seekrieges: Im 17. Jh. überfielen Piraten mehrmals die Stadt und steckten sie wiederholt in Brand. Die beeindruckendste Festung ist das auf einem Hügel thronende **El Castillo**. In den Jahren 1739–42 wurde die auch

31 Baracoa

Alte Kolonialstadt hinter den Bergen – Baracoa mit Blick zum El Yunque

Seboruco genannte Burg erbaut. Vor der Revolution nutzten die Amerikaner sie als Kaserne und Gefängnis. Heute beherbergt sie ein *Hotel* (s. u.) im Kolonialstil. Im Blickfeld der Hotelterrasse liegt der Tafelberg **El Yunque** (Amboss), dessen 600 m hohes Plateau bestiegen werden kann, doch man sollte klettererfahren und schwindelfrei sein. Nicht weit entfernt – hinter einem Kolumbus-Denkmal am breiten windumtosten **Malecón** – logiert in der einstigen Festung *Matachín* das winzige **Museo Municipal de Baracoa** (tgl. 8–12 und 14–18 Uhr). In den Vitrinen sind archäologische Funde, Kopien aus dem Tagebuch des Kolumbus und Karten aus dem Besitz der Seefahrer sowie verblichene Zeitungsartikel über illustre Bewohner Baracoas zu bestaunen.

Ein wenig landeinwärts wurde in einer Begräbnisstätte der Ureinwohner das **Museo Arceológico La Cueva del Paraíso** (Calle Moncada, tgl. 8–17 Uhr) eingerichtet. Zu sehen sind rund 2000 Exponaten aus der Taíno-Kultur, darunter 3000 Jahre alte Petroglyphen, Keramik und Skelette.

Einen Blick auf das sagenumwobene und hochverehrte Kreuz *Cruz de la Parra*, das Kolumbus in der Bucht aufgestellt haben soll, kann man in der **Iglesia Nuestra Señora de la Asunción** an der zentralen Plaza Independencia werfen. Die Echtheit des Kreuzes scheint erwiesen, denn chemischen Analysen zufolge ist es über 500 Jahre alt und damit der älteste Zeitzeuge aus der Kolonialepoche in Kuba, vielleicht sogar in ganz Lateinamerika.

Ausflüge

In alle Himmelsrichtungen werden Touren in die wunderbare Natur veranstal-

Plantage in Baracoa – zu meterhohen Palmen wachsen diese Kokosnüsse heran

tet: etwa Trekking im *Parque Nacional Alejandro de Humboldt* [Nr. 30], Exkursionen in den steilwandigen **Yumurí Canyon** mit seinem für gebratenes Spanferkel berühmten Ausflugslokal, per Ruderboot oder Kajak auf den von Urwaldpflanzen gesäumten **Río Toa** und im Jeep vorbei an schwarzen Sandstränden zur östlichsten Landspitze Kubas, **Punta Maisí**, wo das Klima so trocken ist, dass hier überraschenderweise nur Kakteen gedeihen.

Praktische Hinweise

Flughafen
Gustavo Rizo Airport, Baracoa, Tel. 021/64 25 80, 64 22 16

Bus
Baracoa Bus Tour, in der Hochsaison tgl. 9–18 Uhr (Dez.–April). Der Bus pendelt regelmäßig zwischen den Hotels, den Sehenswürdigkeiten und den Stränden hin und her.

Für die einen Heilige Jungfrau, für die anderen Ochún – Göttin der Liebe

Santería – Liaison afrikanischer Götter mit katholischen Heiligen

In einer Wohnung sitzen schwarze Puppen in farbenfroher Kleidung auf einem Altar – eine ist ganz in Weiß gekleidet: **Obbatalá**. Darüber hängt ein gekreuzigter Jesus und scheint auf die halbleere Flasche ›Havana Club‹ oder den geopferten Reispudding zu schielen. Münzen klimpern in eine Schale, wenn die Gläubigen ihren Obolus entrichten, sich auf den Bauch legen und ihre Wünsche murmeln – jeder lässt anschließend die kleine Glocke erklingen. Michael Jackson schallt aus dem Nebenraum, wo seit nachmittags die ›Geburtstagsfeier‹ eines Santeros im Gange ist, denn vor 14 Jahren hat Alfredo ein einwöchiges Initialisierungsritual zum Priester mitgemacht. Seine Gäste sind seine ›Söhne‹ und ›Töchter‹: Durch Alfredo lässt die Gottheit Obbatalá deren Zukunft weissagen und ihre Wünsche entgegennehmen – und manches trifft sogar ein.

Einige Häuser weiter steht ein ähnlicher Altar, hier huldigt eine Familie dem Schicksalsgott **Elegguá:** Er ließ die Tochter nach einem Unfall wieder auf die Beine kommen. Ein greiser Mann, in weißer Kleidung und mit Ketten behangen, zappelt zwischen den Besuchern herum. In ihn ist heute der Geist von Elegguá gefahren: Er spricht mit wispernder Stimme in einer fremden Sprache, dem afrikanischen **Lucumí**, und hat die Unterlippe vorgeschoben.

Irgendwo in Kuba, in der Nacht vom 16. zum 17. Dezember, dem Namenstag des **hl. Lazarus:** im Vordergrund der Altar, aus dem Hinterzimmer dringen herzzerreißende, röchelnde Laute. Die Opfertiere finden ein schnelles Ende, darunter ein junger Ziegenbock, Hühner und Tauben. Die Santeros und Santeras sitzen entlang der Wände und begleiten das Schlachtfest mit traditionellen Gesängen an den barmherzigen Gott **Babalú Ayé**. Nach dem Blutopfer erklingen die Batá-Trommeln und selbst eine 98-jährige Priesterin tanzt sich wild-schüttelnd in Trance. Viele der Gläubigen sind nur dank Babalú Ayé von schweren Krankheiten genesen, glauben sie.

Da die Sklaven im 19. Jh. ihre afrikanischen Heiligenkulte auf Kuba nicht weiter ausüben durften, verehrten sie offiziell z. B. die hl. Barbara, aber für sie war es der Kriegsgott **Changó** – sozusagen in katholischer Erscheinungsform. Die **Orishas** im afrikanischen Götterhimmel sind zahlreich und wohltätig, einige sind be-

Hotels

El Castillo, Calle Calixto García, Baracoa, Tel. 021/64 51 65, www.gaviota-grupo. com. Urige Zlmmer, herrliche Ausblicke und freundlicher Service.

Hostal La Habanera, Calle Maceo, Plaza Independencia (Parque Central), Baracoa, Tel. 021/64 52 73, www.gaviota-grupo. com. Kolonialhotel im Zentrum. Einige der Zimmer verfügen über einen Zugang zur Terrasse mit Blick auf die Plaza.

Porto Santo, Ctra. Aeropuerto, Baracoa, Tel. 021/64 51 06, www.gaviota-grupo.com. 40 freundliche Zimmer und 24 Bungalows im Grünen, mit Tennisplatz und Pool.

Restaurant

Rancho Toa, Ctra. a Moa, km 20 (ca. 20 km nordwestlich von Baracoa vor der Playa Maguana), kein Tel. Typische Kubanische Gerichte vom Schwein und Huhn, Cocktails sowie Kajaktouren auf dem Río Toa (tgl. 7–19 Uhr).

La Colina, Calle Calixto Garcia 158 Altos entre Céspedes y Coroneles Galano, Baracoa, Tel. 021/64 26 58. Leckere kubanische Hausmannskost, gute Cocktails. Auch drei Zimmer sind zu mieten.

sonders mächtig: **Obbatalá**, der Friedensgott, der die Menschen schuf, **Elegguá**, der Gott der Wege, **Ochún**, die Göttin der Liebe und des Goldes, **Yemayá**, die Fruchtbarkeitsgöttin. Für die Männer besonders wichtig ist **Changó**, auch, weil er für die Manneskraft zuständig ist.

Ein Altar, ein Sammelsurium aus christlichen Votivbildern, afrikanischen Götzen und Nippes, findet sich in vielen Wohnstuben. Fast immer gibt es eine Puppe, die den favorisierten Gott symbolisiert, und eine Suppenschüssel, in der geheime Symbole aufbewahrt werden. Manch ein Gläubiger trägt auf Reisen einen Stein mit sich, der den Gott in sich birgt.

Zu den gefährlicheren Zweigen der afrikanischen Religionen gehört die **Regla de Palo Monte**: Die Palero-Priester beschränken sich nicht auf glücksbringende Rituale, sie bedienen sich auch der schwarzen Magie, um Menschen im Auftrag anderer zu verfluchen. Bei den Zeremonien werden Friedhofserde, Menschenknochen und Tierblut verwendet und in einem Kessel vermengt. Auch heute noch kommt es nach solchen Zeremonien gelegentlich zu plötzlichen Todesfällen, sagt man.

Lange Zeit hatten die sozialistischen Machthaber die afrokubanische Religion und ihre Rituale verboten. Ab den 1980er-Jahren ging Fidel Castro schließlich toleranter mit den afrikanischen Göttern um. Wahrscheinlich war ihm die psychotherapeutische Ventilfunktion dieses Glaubens bewusst geworden. In Zeiten der Krise boomt die Santería auf Kuba und selbst ausländische Besucher zieht es zu den Wahrsagern. Im Rahmen von Veranstaltungsprogrammen können Gäste Zeremonien von Santeros oder Babalaos-Priestern miterleben (zu buchen z. B. bei avenTOURa, s. S. 131).

32 La Farola

 Vom tropischen Bergregenwald in die trockene Küstenebene – Panoramastraße mit grandiosen Ausblicken.

Die kurvenreiche Höhenstraße von Baracoa nach Süden Richtung Guantánamo und Santiago wird La Farola, der Leuchtturm, genannt. Die breit ausgebaute Piste schraubt sich von Baracoa gemächlich höher, gesäumt von Palmenhainen und Bananenstauden, hinauf zum Pass über den **Alto de Cotilla**. Jemand hat sich die Mühe gemacht, die Kurven zu zählen: **261 Serpentinen** soll La Farola haben. Am Wegesrand bieten Bauern und Fliegende Händler Bananen und Orangen zum Kauf an. Bei gutem Wetter ergibt sich vom Pass ein atemraubender Ausblick über die Schlangenlinie, die La Farola in die Hügel schneidet, über die dichten *Kiefernwälder* und tiefen grünen Täler. Trotz der breiten Kurven sollte man stets auf ›geisterfahrende‹ Laster gefasst sein und besonders bei Regen und Nebel noch der 261. Kurve mit äußerster Vorsicht begegnen.

Wo La Farola auf die Südküste trifft, wird die Vegetation unvermittelt trocken und unwirtlich, fast wie eine Westernkulisse: Kakteen recken sich wie Zeigefinger in den stahlblauen Himmel, wuschelige Palmen säumen die Straße, und das karge Land der Provinz **Guantánamo** endet an Steilklippen über dem Karibischen Meer. Seit 1903 besteht der US-amerikanische *Militärstützpunkt* bei Guantánamo. Der Pachtvertrag ist zwar mittlerweile abgelaufen, dennoch nutzen die Amerikaner das Gelände weiter – u. a., um dort Terrorverdächtige unter zweifelhaften Bedingungen festzuhalten.

Der Südosten – auf revolutionärem Terrain

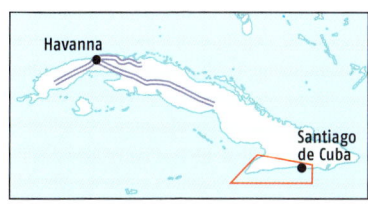

Revoluzzer und *Mambises* (Freiheitskämpfer), Rebellen und Guerilleros – Erinnerungen an Volkshelden begegnen dem Reisenden in Kubas Südosten auf Schritt und Tritt. Kein anderer Landesteil besitzt so viele Schauplätze des kubanischen Befreiungskampfes wie der *Oriente*, nirgendwo sind mehr Rebellionen angezettelt worden. Hier rief *Carlos Manuel de Céspedes* 1868 seine Anhänger zum ersten Bürgerkrieg gegen die Spanier auf. Hier fiel der berühmteste aller kubanischen Nationalhelden, *José Martí*, auf dem Schlachtfeld. Die Urenkel seiner Ideologien, die Freiheitskämpfer des 20. Jh., brachten von der **Sierra Maestra** aus die Revolution ins Rollen: Nach jahrelangen Guerillakämpfen in der Wildnis verkündete *Fidel Castro* 1959 in **Santiago de Cuba** den Sieg über die Truppen des Diktators Batista. Santiago de Cuba ist heute eine der bei Reisenden beliebtesten Städte Kubas – und eine der aufregendsten. Kreuzfahrtschiffe liegen im Hafen, braungebrannte Urlauber besichtigen die berühmte *Wallfahrtskirche El Cobre* und die Festung *El Morro*. Erholung von der lebhaften Metropole verspricht die Küste mit ihren schwarzen Sandstränden und die ungezähmte Landschaft in den Bergen der Sierra Maestra.

33 Santiago de Cuba

Die in herrlicher Naturkulisse gelegene Stadt ist der Geburtsort des kubanischen Nationalrhythmus Son.

Die zweitgrößte Stadt Kubas schmiegt sich zwischen die Ausläufer der Sierra Maestra und die Küste des Karibischen Meeres. Zwei Drittel der Provinz sind bergig und fast menschenleer. Umso mehr Trubel herrscht in der Hafenstadt mit ihren 500 000 Einwohnern. Santiago ist die »karibischste aller kubanischen Städte«, schwärmen die Bewohner. Das afrikanische Erbe ist unübersehbar, denn hier und in Guantánamo leben die meisten Schwarzen auf Kuba. Vor allem beim alljährlichen **Carnaval** regieren Lebensfreude, Tanz- und Musikleidenschaft.

Je näher man der Altstadt kommt, umso steiler senken sich die Straßenzüge in Richtung Bucht – zuweilen mit fantastischen Ausblicken über die Ziegeldächer auf den Hafen und die Sierra Maestra, etwa vom *Balcón de Velázquez* in der Calle Corona oder der steilen Treppengasse *Padre Pico* südlich der Calle Heredia.

Geschichte Mit der Gründung der Stadt durch Diego Velázquez, dem ersten spanischen Statthalter, begann im Jahr 1515 die Chronik als Hauptstadt der spanischen Kolonie – bis San Cristóbal de la Habana (Havanna) Mitte des 16. Jh. zur Kapitale erklärt wurde. Einer der ersten Bürgermeister Santiagos war Hernán Cortéz, der von hier aus Mexiko eroberte und die Goldschätze der Azteken erbeutete. Bald lockte der Ruf der reichen Hafenstadt Piraten an. Im 17. Jh. häuften sich Überfälle der englischen und französischen Freibeuter derart, dass mit dem Bau der mächtigen **Fortaleza El Morro** begonnen wurde. Dennoch nahm der berüchtigte Henry Morgan mit seinen 900 Korsaren im Jahr 1662 Stadt und Festung ein und hielt sie für einige Wochen besetzt. Nach dem Sklavenaufstand im benachbarten Haiti siedelten ab 1791 die von dort geflohenen französischen Plantagenbesitzer mit ihren Sklaven zu Zehntausenden in und um Santiago. Über den

Oben: *Blick übers Meer auf die Sierra Maestra vom Hotel Los Galeones bei Chivirico*
Unten: *Wie kunterbunte Kreisel – Tanztruppe des Cabaret Tropicana, Santiago de Cuba*

Hafen lief fortan ein großer Teil des **Sklavenhandels** des spanischen Kolonialreichs und durch den Wegfall der haitianischen Konkurrenz blühte der Zuckerhandel auf – Santiago boomte.

Im 19. Jh. begründete der Ort seinen Ruhm als Heldenstadt: Dem Befreiungskampf im ersten Unabhängigkeitskrieg schlossen sich ganze Familien aus Santiago an – etwa die *Maceos*, deren elf Söhne als *Mambises* im Kampf gegen die spanischen Truppen starben, darunter auch der Volksheld *Antonio Maceo*. 1898 fand die entscheidende Schlacht gegen die Kolonialmacht in Santiago statt: Mit Unterstützung US-amerikanischer Verbände besiegten die kubanischen Freiheitskämpfer die Kolonialtruppen, die Kapitulation Spaniens wurde auf dem San-Juan-Hügel im Osten der Stadt unterzeichnet.

Ein halbes Jahrhundert später erschütterten erneut Kämpfe die Straßen Santiagos: Fidel Castros Mannen stürmten 1953 die *Moncada-Kaserne*, doch der Überfall misslang. Nach Haft, Exil und Guerillakampf kehrten die *Fidelistas* schließlich siegreich zurück. Vom Balkon des Rathauses verkündete ›El Comandante‹ Fidel Castro 1959 den Sieg der Revolution. In den folgenden Jahren wurde Santiago zum wichtigen Industriezentrum mit Ölraffinerie, Zement- und Textilfabrik und dem zweitgrößten **Containerhafen** Kubas.

Besichtigung Mancher Einheimische mag sich am **Parque Céspedes** vielleicht noch wehmütig an seine Hoffnungen aus Revolutionstagen erinnern: Vom blauen Holzbalkon des **Ayuntamiento** ❶ (Poder Popular, Rathaus), dem Kolonialnachbau der 1940er-Jahre gegenüber der Kathedrale, hielt Fidel Castro in der Nacht vom 1. auf den 2. Januar 1959 seine Siegesrede an das kubanische Volk.

Auf dem zentral gelegenen Platz lässt sich täglich wunderbar das kubanische Alltagslebens beobachten. Am gemütlichsten sitzt man auf den schattigen Bänken am Rande oder auf der Dachterrasse des **Hotels Casa Granda** ❷. Von hier oben genießt man einen herrlichen Rundblick über die ganze Stadt und den Hafen, in der Ferne sieht man die Bergkette der Sierra Maestra.

Die Zwillingstürme der **Catedral de Nuestra Señora de la Asunción** ❸ (tgl. 8–12 und 17–19 Uhr, Messe Mo–Sa 18 Uhr, So 9 und 18 Uhr, derzeit wg. Renovierung geschlossen) flankieren eine große Engelsfigur. Der Bau, an der Stelle einer Holzkirche von 1522 errichtet, wurde 1815 begonnen und 1922 vollendet. Innen ist ein kleiner *Marmoraltar* zu bewundern, verziert mit Gold- und Silberornamenten des 18. Jh. – ein Geschenk des Bischofs von Santo Domingo (Dom. Rep.) an den Erzbischof von Santiago. Glanzpunkt aber ist das prachtvoll geschnitzte *Chor-*

Charmante Stadtkulisse – im Zentrum Santiago de Cubas beim Hotel Casa Granda

Dem Klassizismus verpflichtet – die Fassade der Catedral de Nuestra Señora de la Asunción

gestühl, gefertigt aus Edelhölzern mit reicher barocker Verzierung. Das kleine *Kirchenmuseum* (Mo–Fr 9–17, Sa/So 9–12 Uhr) zeigt Reliquien und religiöse Gemälde.

Möbel, Kristall und Gemälde

Da der Parque Céspedes ein typisch spanischer Kolonialplatz ist, auf dem die Stützpfeiler der damaligen Gesellschaft – Regierung, Kirche und Militär – präsent sind, steht hier auch das Haus des ersten spanischen Gouverneurs. Die **Casa de Diego Velázquez** ❹ (Mo–Do, Sa 9–13 und 14–16.30, Fr 14–16.30, So 9–13 Uhr, Tel. 022/65 26 52) wurde spätestens im Jahr 1530 fertiggestellt und gilt damit als das älteste erhaltene Haus in Kuba, wenn nicht sogar in ganz Lateinamerika! Auffallend sind die mit Holz vergitterten *Balkone* im arabisch anmutenden Mudéjar-Stil. Im 19. Jh. wurde das Gebäude als Hotel genutzt. General Antonio Maceo rief hier im ersten Unabhängigkeitskrieg seine Verbündeten zusammen. Heute beherbergt die Casa das *Museo de Ambiente Historico Cubano*, das Einblick in die Wohnkultur der reichen Kolonialherren des 18./19. Jh. gewährt. Hier begeistern kostbare Möbel, originale Wandmalereien, wertvolle Marmorböden und Zedernholzdecken, aber auch das in seiner Schlichtheit beeindruckende *Privatgemach* von Velázquez im 1. Stock. Bemerkenswert sind ferner die aus Holz gefertigten *Celosia*-Fenstergitter, hinter denen die Damen des Hauses Platz nahmen, um das Geschehen auf der Straße zu beobachten.

Die Sammlung bewahrt darüber hinaus Baldachinbetten und Schlafstätten in Gondelform, Sekretäre mit Geheimfächern, die für Kuba typischen *Coma-*

Kostbare Möbel geben in der Casa de Diego Velázquez Einblick in die koloniale Wohnkultur

Feuerdrachen außer Dienst – fantasievolles Exponat im Museo de Carnaval

Heredia mit ihren Souvenirständen und Kunstgalerien zur **Casa de la Trova** ❺ (Heredia 208, tgl. 13–20 Uhr Musik und Tanz, ab 22 Uhr Konzerte bis etwa Mitternacht) – der berühmtesten ihrer Art in ganz Kuba. Denn in Santiago wurde die balladenartige Musik *Trova* geboren und weiterentwickelt, etwa zum romantischen *Bolero* und der eher tanzbaren *Guaracha*. Das Trova-Haus ehrt *José (Pepe) Sanchez*, den 1918 verstorbenen Vater der *Trovadoresca cubana*. Er komponierte den berühmten Ohrwurm ›Tristeza‹ und später die eher politische Hymne an den santiaguerischen Volkshelden Antonio Maceo. Zu seinen Nachfolgern in Santiago zählten das Altmänner-Trio ›Matamoros‹, Sindo Garay und Nico Saquito, der Erfinder der witzig-ironischen Son-Texte. Einer Ahnengalerie gleich sind Fotos und Gemälde der legendären Troubadoure an den Wänden versammelt. In den 1960er-Jahren erlebte diese Musik eine Renaissance mit der *Nueva Trova*, dem politischen Lied, und mit Stars wie Silvio Rodríguez. Gegen Mittag und am Abend treten häufig Gruppen auf der winzigen Bühne der Casa oder im Innenhof auf, mit Gitarre, *Maraca*-Rasseln, *Claves*-Rhythmusstäben und Kontrabass.

drita-Schaukelstühle, französisch bzw. viktorianisch inspirierte Möbel und Kunsthandwerk aus dem 18. und 19. Jh.

Trovadores und heißer Karneval

Südlich des Parque Céspedes gelangt man über die leicht ansteigende *Calle*

In der selben Straße weiter ostwärts illustriert das **Museo de Carnaval** ❻ (Heredia 303, Di–Sa 9–13, 14–17 Uhr, Mo nur 14–17, So 9–13 Uhr afrokaribische Folklore) anhand von Fotos und Zeitungsartikeln,

Carnaval – im Rausch der Glückseligkeit

Der Menschenzug schiebt sich tanzend den Paseo José Martí entlang, vorneweg eine Musikgruppe mit **Conga**-Trommeln und ›chinesischen‹ Tröten, Glocken und **Chacha**-Rasseln. Hüften schwingen im **Salsa**-Rhythmus hin und her, etwas langsamer geht es bei den romantischen **Son**-Klängen voran. Bunte Umhänge und Federn, riesige Pappmaché-Masken und knappe Kostüme, wohin das Auge schaut. Von den Bürgersteigen reihen sich die Santiagueros spontan in den Zug ein und feiern freudig mit – eine Woche lang herrscht Karneval in Santiago.

Das um den **25. Juli** zelebrierte Fest fand vermutlich schon im 16. Jh. statt – die Spanier ehrten damit ihren Schutzpatron, den **Apostel Jakobus** (Santiago). Im 19. Jh. nahmen mehr und mehr Schwarze an dem katholischen Umzug teil – der 25. Juli war traditionell der einzige freie Tag für die Sklaven. Aus dem religiösen Fest entwickelte sich ein kunterbuntes Spektakel mit starken spanisch-afrikanischen Einflüssen. Erst im 20. Jh. nannte man die Umzüge Karneval. Stadtteilgruppen, die **Comparsas**, traten jetzt kostümiert und musizierend gegeneinander an, und der Kommerz eroberte das Fest: Bis in die 1950er-Jahre sponserten internationale Firmen die Umzugswagen, die zugleich Werbung für die Spender machten, die fantasievolle Verkleidung stand allerdings immer im Vordergrund.

Heute variieren die Themen von Jahr zu Jahr: Mal gilt es, chinesischer auszusehen als die Chinesen – mit entsprechender Kleidung, Masken, Drachengestellen, Tänzen und Musik – mal werden die afrikanische Kultur oder die russischen Kosaken imitiert. Die originellsten Ideen, Choreografien und Kostüme gewinnen Preise und werden später im Museo de Carnaval präsentiert.

Kostümen, Puppen und grimmigen Masken, Musikinstrumenten und Dekorationen Geschichte und Einflüsse des närrischen Treibens in Santiago.

Kultstätte der Revolution

Nordöstlich des Altstadtzentrums bergen die gelben festungsartigen Mauern der **Cuartel Moncada**, der früheren Moncada-Kaserne, eines der interessantesten Museen des Landes, das **Museo Histórico 26 de Julio** ❼ (Ciudad Escolar 26 de Julio, Di–Sa 9–17, So/Mo 9–12.30 Uhr). Anschaulich wird hier anhand von Modellen, Fotos, Zeichnungen, Waffen, Folterinstrumenten, aber auch persönlichen Gegenständen die Geschichte Kubas bis hin zum berühmten Invasionsversuch in der Schweinebucht 1961 dargestellt. In dem 1859 erbauten Gebäu-

Salsa, Son und andere scharfe Sachen

Kuba ist die Heimat der **Salsa** und bei Konzerten von populären Gruppen wie ›**Los Van Van**‹ ist Bombenstimmung garantiert, besteht die ›scharfe Soße‹ doch aus einem heißen Gemisch kubanischer Grundrhythmen. Zu ihnen gehört der **Son**, der wiederum aus einer Mischung afrikanischer und spanischer Einflüsse entstand. Dazu kommt eine Prise **Rumba**, **Mambo** und **Cha-Cha-Cha**. Doch erst in den 1970er-Jahren verhalfen kubanische Emigranten in den USA und in Lateinamerika Musik und Tanz zu ihrem Siegeszug. Schritte und Rhythmen zur Musik sind kompliziert, die Bewegungen aber fließend.

Dabei ist Salsa nicht einmal der erotischste **Tanz**, wie Caridad ›Caruca‹ Rodriguez, eine berühmte Tänzerin, erklärt: »Übertroffen wird er noch vom **Guaguancó**. Hier nähert sich der Mann seiner Tanzpartnerin mit eindeutig sexuellen Gesten. Diese gibt dann vor sich zu wehren, aber das Ganze ist natürlich nur Koketterie«.

Viel zurückhaltender und romantischer sind die **Trovas**, Balladen über Liebe oder Revolution, die traditionell in den Casas de la Trova zum Besten gegeben werden. Dank Wim Wenders Film ›Buena Vista Social Club‹ (1998) erlebten sie eine unglaubliche **Renaissance**: Wer früher nicht einmal die Reparatur für sein Klavier bezahlen konnte, ging nun als gefeierter **Trovador** auf Europatournee und trat vor jubelnden Massen auf, etwa die Band ›**Vieja Trova Santiaguera**‹ oder **Compay Segundo** (1907–2003), einer der Stars aus Wenders Dokumentarfilm.

de hat heute auch eine Schule ihren Sitz, benannt nach dem revolutionären ›Movimento 26 de Julio‹, welches an jenem Tag des Jahres 1953 den Angriff auf ebenjene Kaserne wagte. Die *Einschusslöcher* an der Fassade über dem Eingang sind allerdings nicht echt: Diktator Batista hatte die Spuren der niedergeschlagenen Rebellion beseitigen lassen, doch Fidel Castro sorgte nach der Revolution 1959 für deren Rekonstruktion.

Im Vorfeld der Kämpfe rund um die Moncada-Kaserne stand die politische Entwicklung der 1950er-Jahre, die in der Ausstellung ausführlich erläutert wird. 1952 putschte *Batista* sich an die Macht. Als junger Rechtsanwalt gründete daraufhin Fidel Castro eine *Geheimorganisation*, die eine Rebellion im Osten plante – dort, wo schon zuvor so viele Aufstände begonnen hatten. Am Karnevalstag, dem 26. Juli 1953, waren 16 Autos mit dem Weg von der Siboney-Farm [s. S. 113] in die Stadt. Doch der geplante Überraschungsangriff auf die Kaserne, das Krankenhaus und den Justizpalast schlug fehl. Zwei Autos (u. a. eines von Castros Bruder Raúl) verfuhren sich und kamen zu spät, ein anderes hatte eine Panne. Wenig später kämpften rund 100 Guerilleros, darunter zwei Frauen, gegen 400 Soldaten. Nach 40 Min. war der Kampf entschieden. Die meisten Rebellen wurden bald darauf gefoltert und ermordet. Den beiden Castros gelang die Flucht in die Berge, dort nahm man sie Tage später fest. Doch der befehlshabende Leutnant, Pedro Sarría, brachte sie entgegen der Anweisungen nicht sofort und bzw. in die gefürchtete Moncada-Kaserne, sondern in eine Polizeistation, wo schon die Medienvertreter warteten – er rettete dadurch Fidel Castro das Leben. Zum Dank machte dieser später Sarría zum Chef seiner Leibwache. Beim Prozess verteidigte sich Rechtsanwalt Castro selbst und hielt seine wohl berühmteste Rede, die mit den Worten endete: »La historia me absolverá!« (Die Geschichte wird mich freisprechen!). Das Urteil lautete 15 Jahre Gefängnis, abzusitzen auf der Isla de la Juventud [Nr. 16]. Doch schon nach 20 Monaten wurde Castro freigelassen und ging ins Exil nach Mexiko.

Paläste für die Toten

Im Nordwesten der Stadt liegt der Friedhof **Cementerio Santa Ifigenia** 8 (Avenida Crombet, nördlich der Bucht, tgl. 8–18, im Winter bis 17 Uhr), auf dem viele

Rushhour in Santiago de Cuba – dicht gedrängt in den Straßen unterwegs

berühmte Santiagueros, Schriftsteller und Helden begraben sind. So manche der ausgesprochen eindrucksvollen Grabstätten sind burgähnliche Bauwerke und prachtvolle Mausoleen. Das kreisrunde, auf Säulen stehende Mausoleum José Martís gehört zu den meistbesuchten Gräbern. Der Nationalheld und Volksdichter war 1895 den Kämpfen bei Dos Ríos in der Provinz Bayamo zum Opfer gefallen. Im Innern erhebt sich eine Statue Martís aus Carrara-Marmor, den Sarg des großen Vordenkers der Revolution bedeckt eine kubanische Flagge. Halbstündlich findet hier eine militärische Ehren-Parade mit Wachwechsel statt. Zu den weiteren berühmten Grabstätten gehören die von Manuel Céspedes und dem Musiker Compay Segundo vom Buena Vista Social Club.

Bollwerk über dem Meer

Majestätisch thront das **Castillo de San Pedro de la Roca** 9 (tgl. 8– ca. 18.45, im Winter bis ca. 17.30 Uhr, die Kanonenschuss-Zeremonie ›Cañonazo‹ findet unregelmäßig zum Sonnenuntergang statt) über der Bucht, ein Bauwerk aus den Jahren 1638–1710 mit tiefen Gräben und symmetrischen Bastionen auf

33 Santiago de Cuba

Zeitreise – historischer Kanonensalut auf dem Castillo de San Pedro de la Roca

drei Ebenen – mehr als 20 m ragen die massiven Mauern in die Höhe. Festungen von solchen Ausmaßen gibt es in der Karibik nur noch in Havanna [s. S. 23] und in San Juan, Puerto Rico. Oben in der Burg pfeift der Wind durch die verwinkelten Gänge. Von den Kanonenrampen und Treppen hat man eine fantastische Aussicht auf das Küstenpanorama und die Höhen der Sierra Maestra.

Im 19. Jh. nutzten die Spanier die Kerker und Gewölbe des Forts als *Gefängnis* für die Befreiungskämpfer, 1898 besetzten US-amerikanische Truppen die Burg. Ab 1920 war die Anlage vollkommen verwaist, doch 1960 fand eine Restaurierung statt. Seit 1979 ist das auch unter dem Namen *Castillo del Morro* bekannte Bauwerk Nationaldenkmal und seit 1997 sogar UNESCO-Weltkulturerbe. Das heute im Fort beheimatete *Museo de la Piratería* zeigt Utensilien aus der aufregenden Geschichte der Freibeuterei: Waffen aller Art, Schiffsmodelle, Landkarten etc.

Zur Nationalheiligen Kubas

 Allein schon der Anfahrt wegen lohnt ein Besuch der **Basílica del Cobre** (tgl. 6.30–18 Uhr, Messe Sa 18, So 9 Uhr) 20 km nordwestlich von Santiago. Die Wallfahrtskirche krönt einen Hügel oberhalb des Dorfes *El Cobre* inmitten eines alten Kupferabbaugebietes und hebt sich mit ihrer hellen Fassade malerisch vor den grünen Ausläufern der Sierra Maestra ab. Den hohen kräftigen *Mittelturm* flankieren zwei kleine, alle drei sind mit roten Hauben gedeckt. Das Gotteshaus wurde 1925 zu Ehren der Schutzpatronin Kubas, der ›Virgen de la Caridad‹, errichtet. Seitdem zieht es Scharen von Gläubigen an, vor allem am 8. September, wenn manche Kubaner sogar auf Knien rutschend für die Erhörung ihrer Gebete danken bzw. neue Bitten vorbringen.

Nur zu den Messen ist die Wohltätige Jungfrau auf dem Hochaltar zu sehen. Ansonsten gelangt man über die Treppen neben dem Hauptportal hinauf in den ersten Stock, wo die kleine, kaum 30 cm hohen Figur in goldgelbem Gewand mit Krone hinter Glas in einem Marmoraltar steht. Der Legende nach wurde sie im 17. Jh. auf einem Stück Holz treibend in der Nipe-Bucht bei Guardalavaca geborgen. Die Kubaner verehren die Virgen de la Caridad natürlich als katholische Heilige, sehen in ihr aber auch die afrokubanische Göttin *Ochún* [s. S. 102 f.].

Zurück im Hauptschiff sollte man einen Blick in den Raum hinter dem Altar werfen. Er birgt allerlei volkstümliche *Votivgaben* und Wunschzettel. Auf den überquellenden Tischen finden sich ne-

Der Nationalheiligen Kubas geweiht – Wallfahrtskirche El Cobre bei Santiago de Cuba

ben einem Baseball und einer Tüte mit Bleistiften, als Dank für eine bestandene Prüfung, auch eine eingeschweißte Haarlocke und sogar Nierensteine. Ernest Hemingway hatte in den 1950er-Jahren seine Nobelpreismedaille gestiftet, die nach Diebstahl und Wiederauffindung heute jedoch andernorts aufbewahrt wird.

Heiligtum der Revolution

Auf die Spuren der Rebellen des ›Movimento 26 de Julio‹ begibt sich der Reisende in der **Granjita Siboney** (Mo 9–13, Di–So 9–17 Uhr). Das Landhaus 14 km östlich von Santiago ist nicht zu verfehlen: 26 Denkmäler, versehen mit Namen, Beruf und Todestag der Gefallenen, säumen die Straße. In ihrem Versteck, der Granjita (Hühnerfarm), hatten die Rebellen vor dem Angriff auf die Moncada-Kaserne ihr Hauptquartier aufgeschlagen: Die Autos waren im Stall versteckt, die Gewehre im Brunnen. Die Zimmer samt Einrichtung wurden wieder so hergerichtet, wie sie an jenem Morgen des 26. Juli 1953 aussahen – als seien die Guerilleros gerade zur Attacke nach Santiago aufgebrochen. Fotos, Zeitungsartikel, Lagepläne, Gedichte und persönliche Gegenstände runden das Bild jener Tage und Ereignisse ab.

In der Nähe zweigt eine holprige Bergstraße zum Berg **Gran Piedra** ab, dessen Felsgipfel in 1214 m Höhe einen sagenhaften Rundblick verheißt. Vom Hotel Gran Piedra führt ein 2 km langer Spaziergang zum **Cafetal La Isabélica** (tgl. 9–17 Uhr), eine ehemaligen Kaffeeplantage, die zum UNESCO-Weltkulturerbe zählt. Das Herrenhaus der französischen Gründer, die vor der Sklavenrevolution auf Haiti 1791 nach Kuba geflohen waren, beherbergt nun ein Museum mit landwirt-

Hell erstrahlt der Schrein der wohltätigen Jungfrau in der Basílica del Cobre

Kubas Straßen sind für alle da, auch für Vaqueros mit ihrer Zeburinderherde

schaftlichen Geräten und viel Mobiliar aus dem 19. Jh. Es dokumentiert Geschichte und Produktion des Kaffees vom Anbau der Sträucher über die Ernte der Früchte bis zu den allseits beliebten Kaffebohnen.

Im Biosphärenreservat

Ins Zentrum des **Parque Baconao** führt die Küstenstraße Richtung Osten (44 km von Santiago). Die UNESCO hat das Gebiet wegen seiner Artenvielfalt, zahlreicher endemischer Tiere und Pflanzen zum Weltnaturerbe erklärt. Kleine Buchten mit meist dunklen und felsigen *Sandstränden* liegen am Wegesrand, Schatten spenden hier eher Maulbeerbäume als Palmen. Die Straße führt auf und ab durch die schroff-karstige Küstenregion mit Kakteen, aber auch durch Weidelandschaft. Auf dieser Strecke begegnet man mitunter großen Rinderherden.

Entlang der Landstraße warten einige Attraktionen auf Besucher, z. B. das Künstlerdorf *El Oasis*, das *Valle de la Prehistoria* (tgl. 8–17 Uhr) mit faszinierenden lebensgroßen Dinosauriern und Mammuts aus Beton, das *Museo Nacional del Transporte* (tgl. 8–17 Uhr) mit 42 Oldtimern, ein Aquarium (Di–So 9–17 Uhr, Shows tgl. 10.30 und 15 Uhr) sowie eine kleine Krokodilfarm.

Praktische Hinweise

Information
Cubatur, Parque Céspedes, gegenüber Hotel Casa Granda, Santiago de Cuba, Tel. 022/68 60 33, www.cubatur.cu

Flughafen
Antonio Maceo International Airport, Santiago de Cuba, Tel. 022/69 10 14, 022/69 86 12, www.santiagodecuba.airportcuba.net.

Bus
Busbahnhof, Avenida de los Libertadores, Plaza de la Revolución, Santiago de Cuba, Tel. 022/62 84 84

Hotels
Balcón del Caribe, Ctra. del Morro km 7, Santiago de Cuba, Tel. 022/69 15 06, www.islazul.cu. Die 23 bunten *Cabañas* über dem Karibischen Meer sind schlicht, haben aber schöne Terrassen.

Casa Granda, Calle Heredia 201, Parque Céspedes, Santiago de Cuba, Tel. 022/65 30 21, www.cubanacan.cu. Betagtes Hotel im Kolonialstil, 58 Zimmer mit antikem Mobiliar aus Edelhölzern. Dachterrasse mit Blick über die Stadt.

Casa Leonardo y Rosa, Calle Clarín 9 entre Aguilera y Heredia, Santiago,

Tel. 022/62 35 74. Nette private Unterkunft (drei Zimmer) im Herzen der Altstadt in restauriertem Kolonialhaus.

Club Amigo Carisol-Los Corales, Ctra. de Baconao km 31, Playa Cazonal, ca. 45 km von Santiago de Cuba, Tel. 022/ 35 61 13, www.cubanacan.cu. Beliebte All-inclusive-Ferienanlage am schmalen Strand mit 310 Zimmern in zweistöckigen Häusern sowie zwei Pools.

Las Américas, Avenida de Las Américas esq. a General Cebreco, Santiago de Cuba, Tel. 022/64 20 11, www.islazul.cu. Zentral gelegenes Haus mit 70 Zimmern und Pool.

Meliá Santiago de Cuba, Avenida de las Américas y Calle M, Santiago de Cuba, Tel. 022/68 70 70, Tel. aus Deutschland 018 02/12 17 23, www.melia-santiagodecuba.com. Farbenfroh ausgestattetes Luxushotel mit 298 eleganten Zimmern und Suiten, drei Restaurants und Panorama-Dachbar im 15. Stock, Pool und Disco.

San Basilio, Calle Bartolomé Masó 403 (ex Calle San Basilio), Santiago de Cuba, Tel. 022/65 16 87, www.cubanacan.cu. Das Kolonialhotel in der Altstadt bietet acht kleine Zimmer mit TV und Minibar rund um einen winzigen Innenhof.

San Juan, Ctra. Siboney km 1, Santiago de Cuba, Tel. 022/68 72 00, www.islazul.cu. Hotelzimmer wie im Dschungel, denn die gut ausgestatteten zweistöckigen Häuschen sind von wahren Baumriesen umgeben. Pool.

Eine Tänzerin des Cabaret Tropicana Santiago in kunterbunter Kostümpracht

Restaurants

Bendita Farandula, Calle Barnada 513 entre Aguilera y Heredia, Santiago, Tel. 022/65 37 39. Winzig und eng, aber sehr preiswert, sehr große Portionen, sehr lecker – bei Suzana stimmt einfach alles.

Don Antonio, Plaza Dolores, Santiago de Cuba, Tel. 022/65 23 07. Das kreolische Restaurant bietet abends den besten

Das Café des Hotels Casa Granda bietet Erfrischungen und schöne Kolonialarchitektur

33 Santiago de Cuba

Schön und wild zugleich – die Sierra Maestra ist der größte und höchste Gebirgszug Kubas

Blick auf den hübschen Platz mit seinen Kolonialfassaden (tgl. 12–23 Uhr).

Salón Tropical, Calle Fernández Marcané 310, entre Calles 9 y 10, Santa Bárbara, Santiago de Cuba, Tel. 022/64 11 61. Einer der besten Paladares in Kuba mit großer Auswahl an kubanischen und internationalen Gerichten. Man speist auf der Dachterrasse bei leiser Musik in netter Atmosphäre und zu günstigen Preisen (tgl. 10–24 Uhr).

Nachtleben

Cabaret Tropicana Santiago, Autopista Nacional km 1,5, Santiago de Cuba, Tel. 022/64 25 79. Die Show bietet im Vergleich zum Tropicana in Havanna mehr karibische Elemente, das Gran Finale ist der reinste Karneval, danach geht es noch in die Diskothek ›Tropical‹ (Mi–So ab 22 Uhr).

Casa del Caribe, Calle 13, 154 esq. a Calle 8, Vista Alegre, Santiago de Cuba, Tel. 022/64 36 09, www.casadelcaribe.cult.cu. In der prachtvollen alten Villa und ihrem Garten treten Folkloregruppen und Musikbands auf (tgl. ab 17 Uhr).

Taberna del Ron, im Rum Museum, Calle Carniceria, entre San Basilio y Santa Lucia, Santiago de Cuba. Hier gibt es diverse Sorten von Rum, zudem Cocktails, Bier und Wein (tgl. 9–21 Uhr).

Endlich Ferien – kubanische Kinder in der landestypischen Schuluniform

34 Sierra Maestra

Die Berge der Rebellen und der höchste Gipfel Kubas als malerisches Wandergebiet.

Sie ist wild und wirkt auf den ersten Blick unnahbar: Die Sierra Maestra schiebt sich zu mehreren Bergketten und Gebirgsfalten zusammen, die schließlich im höchsten Berg Kubas gipfeln, dem **Pico Real de Turquino** (1974 m). Die durchschnittliche Höhe der Bergkämme liegt bei 1500 m, auf der Küstenseite fällt das Gelände abrupt und steil ins Meer ab. Der Gebirgszug ist dünn besiedelt, *Campesinos* leben in windschiefen Berghütten und bauen Kaffee und Gemüse an, Pfade und schmale Straßen verbinden die Hütten und kleinen Dörfer.

In der Waldwildnis mit ihren Schluchten und Höhlen hatten sich die überlebenden Guerilleros um Fidel Castro in den Jahren 1956–59 versteckt, nachdem sie mit der Jacht Granma an der nahen Küste [s. S. 119] gelandet waren. Die

Comandancia de La Plata, das Hauptquartier, ist heute zu besichtigen, jedoch nur mit offiziellem Führer. Nach und nach wurden die mit den Rebellen sympathisierenden Bergbauern rekrutiert und im Guerillakampf ausgebildet. Obwohl es anfangs nur einige Dutzend Kämpfer waren, gelang es Fidel Castro, in den internationalen Medien den Eindruck zu erwecken, als seien Tausende in den Bergen versammelt und bereit zum Kampf gegen das diktatorische Regime Batistas. Selbst der CIA ließ sich beeindrucken und soll die bärtigen Guerilleros, die *Barbudos*, unterstützt haben. Die letzte militärische Offensive Batistas mit dem Codenamen ›Operacion FF‹ (Fin de Fidel, Schluss mit Fidel) war zum Scheitern verurteilt: Die Regierungssoldaten konnten von den *Fidelistas* aus dem zerklüfteten Terrain gedrängt werden.

Das bewaldete Land um den Pico Turquino ist mittlerweile zum **Parque Nacional Sierra Maestra** erklärt worden. Etwa 100 endemische Pflanzenarten haben Biologen hier gezählt. Zur Fauna gehören Orchideen, Baumfarne, Agaven und diverse Bambussorten. Das Gebiet eignet sich hervorragend zur *Vogelbeobachtung* und kann per Pferd erkundet werden. Vom Bergdorf **Santo Domingo** (64 km südwestlich von Bayamo) stürmen bergerfahrene Urlauber innerhalb von zwei Tagen den Inselhöchsten (mit Übernachtung in einem einfachen Camp). Zuerst geht es mit dem Jeep über Serpentinen mit bis zu 45 % Steigung, vorbei an Kaffeesträuchern und kleinen Bohíos zum ersten Aussichtspunkt, dem **Alto de Naranjo** (950 m), dann ca. 13 km weiter zu Fuß durch den Kiefernwald [Touren über Cubatur oder Hotels in Santiago de Cuba, s. S. 114].

Praktische Hinweise

Hotel

Villa Santo Domingo, Crta. La Plata km 16, Santo Domingo, Tel 023/56 56 35, Zentrale Havanna 07/832 77 18 und 07/832 51 52 www.islazul.cu. 20 Häuschen am Fluss auf dem Weg zum Pico Turquino.

Augenfällig maurisch beeinflusst sind die Bauten am Parque Céspedes von Manzanillo

35 Manzanillo

Hübsche Hafenstadt und nahebei die Wiege des Unabhängigkeitskampfes.

Weite Felder mit Zuckerrohr und Reis erstrecken sich zwischen Bayamo und dem *Golf von Guacanayabo* an der Küste bei Manzanillo (65 km westlich von Bayamo). Die kleine Hafenstadt besitzt einen außergewöhnlichen Hauptplatz: Am **Parque Céspedes** fühlt man sich angesichts der unverkennbar maurisch beeinflussten Architektur urplötzlich in den Orient versetzt. Brunnen und Lampen schmücken den Platz, in der Mitte steht ein kleiner säulengetragener *Pavillon* mit Kuppeldach und bunten Ziegeln, die umstehenden restaurierten Kolonialgebäude sind mit Bogenfenstern, filigranem Stuck und ›Schlüsselloch‹-Arkaden geziert.

Wenige Kilometer südlich ist die Welt schon wieder kubanisch. Die Küstenstraße entlang des Golfes führt durch Zuckerrohrland. Auf **La Demajagua** besaß der Patriot und Rechtsanwalt *Carlos Manuel de Céspedes* (1819–1874) eine Plantage. Heute ist dort ein *Museo* (Mo–Sa 8–17, So 8–12 Uhr) eingerichtet, das anschaulich die Ereignisse um den 10. Oktober 1868 dokumentiert: An diesem Tag ließ Céspedes seine Sklaven frei, läutete die

Demajagua-Glocke und rief mit dem *Grito de Yara* (Schrei von Yara) zum Kampf gegen die spanischen Kolonialherren auf – Initialzündung des Bürgerkriegs gegen Spanien, in dessen Verlauf auch das Anwesen in Schutt und Asche gelegt wurde. Neben einigen Dokumenten, darunter das berühmte *Manifesto*, der Revolutionsfahne von Céspedes und Gewehren sind auf dem Gelände auch eine alte Zuckermühle und Glocke zu sehen.

Weitere Informationen über die Aufstände und über Céspedes bietet sein Geburtshaus *Museo Casa Natal de Manuel de Céspedes* (Marceo 57, Di–Fr 9–17, Sa/So 9–13 Uhr) in der Provinzhauptstadt **Bayamo** (77 km östlich).

36 Parque Nacional Desembarco del Granma

Landungsplatz der Revolutionäre und Naturschutzgebiet.

Etwa 80 km südlich von Manzanillo, kurz vor der Landspitze *Cabo Cruz*, befindet sich der Parque Nacional Desembarco del Granma, der Im Jahr 1999 wegen seiner zahlreichen endemischen Pflanzen- und Tierarten zum UNESCO-Biosphärenreservat erklärt wurde.

Hinter den Parktoren erreicht der Revolutionstourist die Strandbucht **Playa Las Coloradas**, an der Fidel Castro am 2. Dezember 1956 mit seinem Bruder Raúl, Che Guevara und Genossen an Land ging. Als die 82 Rebellen aus dem Exil in Mexiko kommend nach stürmischer Seefahrt Kuba erreichten, kamen sie zwei Tage zu spät. Das 12 m lange Boot **Granma** war überladen, ein Motor war ausgefallen und das vereinbarte Treffen mit den Compañeros zu Lande misslang. Nur 20 Guerilleros überlebten den Beschuss durch die Regierungstruppen und entkamen in die Sierra Maestra. Che Guevara soll das gescheiterte Unternehmen als »Schiffbruch« bezeichnet haben.

Heute erinnert ein Museum *(*Mo–Sa 8–18, So 8–13 Uhr) an die Rebellen. Unter einem Holzdach steht eine Kopie des kleinen weißen Bootes, das der gesamten Provinz ihren Namen gab. Das Original befindet sich im Pavillon des *Museo de la Revolución* [s.S.29] in Havanna. Vom Parkplatz führt ein Fußweg zur 2 km entfernten Küste mit dem von Mangroven eingerahmten *Landungsort*. Bei Einheimischen beliebt ist der kleine *Strand* in der Nähe.

Im Parque Nacional Desembarco del Granma steht ein Nachbau des Rebellen-Bootes

 Marea del Portillo

37 Marea del Portillo

 Die schönste Küstenstraße Kubas verbindet zwei angenehme Badeorte.

Zu Füßen der Sierra Maestra ist das Urlaubszentrum **Marea del Portillo** entstanden. In der Bucht des gleichnamigen kleinen Fischerortes haben sich einige komfortable Hotels angesiedelt, weitere sind in Planung. Sonnenanbeter erwartet am *Strand* eine atemberaubende Kulisse aus grünen Bergketten und Meer.

Ab jetzt begleiten die schroffen Südhänge der Sierra Maestra über 150 km lang die fast menschenleere **Küstenstraße** Richtung Osten nach Santiago de Cuba – eine wahre Traumroute! Manchmal verläuft die Straße nur knapp über der zerklüfteten Steilküste und die Wellen schwappen auf die Fahrbahn. Gleich dahinter steigen die Berge steil aus dem Karibischen Meer, der höchste Gipfel des Landes, der Pico Turquino, liegt keine 5 km Luftlinie vom Wasser entfernt! Die Piste schlängelt sich in tollkühnen Kurven zwischen Berghängen und Meer hindurch, vorbei an Kakteen, Dornengestrüpp, windzerzausten Bäumchen und felsigen dunkelgrausandigen Buchten mit Palmenhainen. Vorsicht ist geboten, denn Zeburinder, wilde Pferde und Schafherden lassen sich durch PS-getriebene Fremdkörper in dieser abgelegenen, dünn besiedelten Ecke Kubas kaum stören. Auch Steinschlag ist nicht selten, und die Straße von den letzten Hurrikans teils schwer beschädigt. Daher unbedingt vor Fahrtbeginn bei den Reise- bzw. Mietwagenbüros in Santiago nach dem aktuellen Straßenzustand erkundigen: Teilweise sind Teile der Fahrbahn direkt über der Steilküste weggebrochen und unterspült. Am besten nur mit einem allradbetriebenen Jeep fahren und auf Ersatzreifen und Wagenheber achten!

70 km vor Santiago erreicht man den Fischerort **Chivirico**. Palmenoasen und einige schöne Hotelanlagen schmiegen sich an den schmalen Küstenstreifen zwischen Bergen und Meer. Der Ausblick über die immer weiter in die Ferne

37 Marea del Portillo

Pool und Zimmer mit Aussicht genießen die Gäste des Hotels Marea del Potillo

rückenden Bergkette der Sierra Maestra ist bis nach Santiago de Cuba grandios.

i Praktische Hinweise

Hotels

Brisas Sierra Mar, Ctra. Chivirico km 60, Chivirico, Tel. 022/32 91 10, www.cubana can.cu. Einer der atemberaubendsten Plätze in Kuba. Weitläufige All-inclusive-Anlage mit 200 Zimmern zwischen dem höchsten Gipfel Kubas und dem Karibischen Meer.

Club Amigo Marea del Portillo, Ctra. Granma km 12, Marea del Portillo, Tel. 023/59 70 81, www.cubanacan.cu. Cabañas im Garten, die meisten mit Meerblick. Per Shuttle-Boot ist die Insel Cayo Blanco mit weißem Sandstrand zu erreichen. Viele Ausflugsmöglichkeiten.

Brisas Los Galeones, Ctra. Chivirico km 72, Chivirico, Tel. 022/32 91 10, www.cubanacan.cu. Anlage mit 40 liebevoll eingerichteten Häuschen, die auf einem Hügel über dem Meer thronen und zum Komplex Brisas Sierra Mar Los Galeones gehören. Grandiose Aussicht auf die Sierra Maestra, kleiner Strand und Pool.

Weit schweift der Blick vom Hotel Los Galeones aus über das Meer und die grünen Höhenzüge

Für Ihren Urlaub: Die Reisemagazine vom ADAC.

Alle zwei Monate neu.

www.adac.de/shop

Kuba aktuell A bis Z

■ Vor Reiseantritt

ADAC Info-Service:
Tel. 08 00/510 11 12 (gebührenfrei)

ADAC im Internet:
www.adac.de
www.adac.de/reisefuehrer

Kuba im Internet:
www.cuba-travel.tur.cu, www.infotur.cu, www.autenticacuba.com

Kubanisches Fremdverkehrsamt,
Stavangerstr. 20, 10439 Berlin,
Tel. 030/44 71 96 58, www.cubainfo.de

Deutschland
Botschaft der Republik Kuba,
Stavangerstr. 20, 10439 Berlin,
Tel. 030/44 71 73 19,
www.cubadiplomatica.cu

Konsularabteilung, Gotlandstr. 15,
10439 Berlin, Tel. 030/44 79 31 09

Österreich
Botschaft der Republik Kuba,
Kaiserstr. 84, 1070 Wien,
Tel. 01/877 81 98,
www.cubadiplomatica.cu

Schweiz
Botschaft der Republik Kuba,
Gesellschaftsstr. 8, 3012 Bern,
Tel. 031/302 21 11,
www.cubadiplomatica.cu

■ Allgemeine Informationen

Reisedokumente

Touristen benötigen für die Einreise einen **Reisepass**, der noch mindestens sechs Monate gültig ist. Für Kinder ist ein Kinder-Reisepass erforderlich. Für einen Aufenthalt von mehr als 30 Tagen müssen Reisende bei der Kubanischen Botschaft in Deutschland ein Visum beantragen. Geschäftsreisende brauchen in jedem Fall ein Visum. Außerdem wird eine gebührenpflichtige **Touristenkarte** (ca. 25 €) benötigt, die man beim Reiseveranstalter, der Fluggesellschaft bzw. bei der Botschaft oder Konsularabteilung anfordern kann. Für die Ausstellung ist der Nachweis einer Auslandskrankenversicherung notwendig.

Kfz-Papiere

Grundsätzlich ist der nationale Führerschein ausreichend, trotzdem empfiehlt sich die Mitnahme eines *Internationalen Führerscheins*.

Krankenversicherung

Bei der Einreise muss der Versicherungsschein einer Auslandskrankenversicherung – mit Rücktransport im Notfall – vorgelegt werden.

Zollbestimmungen

Devisen: Bei der Einreise darf Fremdwährung in unbegrenzter Höhe mitgeführt werden. Sie muss jedoch deklariert werden. Bei der Ausreise kann Fremdwährung max. in Höhe der deklarierten Einfuhr wieder ausgeführt werden. Kubanische Pesos (CUC) dürfen weder ein- noch ausgeführt werden.

Bei der Einreise sind zollfrei: 2,5 l Alkohol, 400 Zigaretten, 500 Gramm Tabak, 50 Zigarren, eine Kamera, eine Videokamera, Medikamente bis zu 10 kg. Die Einreise mit frischen Lebensmitteln ist untersagt. Streng verboten ist die Einfuhr von Drogen, pornografischen Werken, ›konterrevolutionärer‹ Literatur und Waffen.

Hinweise: Elektrogeräte dürfen nur in dem Maß eingeführt werden, in dem sie für den persönlichen Bedarf bestimmt sind, nicht als Geschenke für kubanische Staatsangehörige. Für Geschenke (nichtkommerzielle Einfuhr) wird ab einem Gegenwert von 50–250 CUC Zoll in Höhe von 100 % erhoben.

Bei der Ausreise (bzw. Wiedereinreise in die EU) darf man mitführen: max. 2 l Alkohol (unter 22 %) bzw. 1 l hochprozentige Alkoholgetränke (mehr als 22 %), 250 g Tabak oder 20 lose Zigarren pro Person;

Allgemeine Informationen

bis zu 50 Zigarren in geschlossener Originalverpackung mit Qualitätssiegel und fälschungssicheren Hologramm (ohne Rechnung möglich); bei mehr als 50 Zigarren muss zusätzlich eine Rechnung der Verkaufsstelle vorgelegt werden (Infos: www.aduana.co.cu, www.zoll.de).

Hinweise: Muscheln, Schwarze Koralle, Krokodilleder, ähnliche tierische Produkte sowie lebende Tiere fallen unter das Washingtoner Artenschutzgesetz. Spätestens beim europäischen Zoll drohen bei Entdeckung hohe Strafen. In den letzten Jahren wurden wiederholt Kunsthandwerk und Gemälde, die auf Touristenmärkten gekauft worden waren, bei der Ausreise vom kubanischen Zoll beschlagnahmt.

Informationen und Ausfuhrgenehmigungen:

Fondo Cubano de Bienes Culturales, Ave. 47 Nr. 4702, Ecke Calle 36, Bezirk Kohly, Havanna, Tel. 07/203 65 23

Geld

Die einheimische Währung ist der *Peso Cubano* (CUP, zu 100 Centavos), der jedoch für Touristen so gut wie keine Bedeutung hat. Touristenwährung ist der *Peso Cubano Convertible* (CUC).

Umtausch von Bargeld in CUC ist (mit Pass) in Banken, den Cadeca Wechselstuben und großen Hotels möglich. Bei Geldabhebung per Kreditkarte muss der Reisepass vorgelegt werden.

In internationalen Hotels der gehobenen Kategorie werden in der Regel die gängigen **Kreditkarten** wie Visa- oder Mastercard akzeptiert) – mit Ausnahme von Kreditkaten amerikanischer Banken, etwa American Express. Von Reiseschecks ist abzuraten, da American Express in Kuba immer noch nicht anerkannt wird.

Hinweise: Der Euro wird als Zahlungsmittel nur in den großen Touristenzentren wie Varadero, Jardins del Rey, Santa Lucia, Playa Covarrubias oder Holguín akzeptiert. Der US-Dollar wird als Zahlungsmittel nicht mehr angenommen. Beim USD-Umtausch fällt eine Wechselgebühr von 10 % an.

Tourismusämter im Land

In vielen Hotels gibt es **Cubatur**-Büros. Dort sind Informationen und Tickets für Ausflüge bzw. Bus und Flugzeug erhältlich. Stadtpläne, Straßenkarten oder Broschüren sind wegen Papierknappheit eher selten. Im Hauptteil unter ›*Praktische Hinweise*‹ werden die wichtigsten Informationsbüros genannt. Zentrale:

Oficina Central Cubatur, Calle 15 No. 410, entre F y G, Plaza, Havanna, 07/836 22 59, www.cubatur.cu

Asistur, Prado 208, entre Calle Colón y Trocadero, La Habana Vieja, Tel. 07/866 44 99, www.asistur.cu. Medizinische Hilfe, Rechtsberatung, internationaler Geldtransfer usw. (Mo–Fr 8.30–17 Uhr).

Notrufnummern

Medizinischer Notruf, Polizei: Tel. 119
Feuerwehr: Tel. 105
Asistur: Tel. 07/866 85 27 und 07/866 83 39 (tgl. 24 Std.)
Pannenhilfe: die aktuelle Tel. erhält man von der jeweiligen Mietwagen-Agentur
ADAC Notrufzentrale München: Tel. 119 49/89/22 22 22 (tgl. 24 Std.)
ADAC Ambulanzdienst München: Tel. 119 49/89/76 76 76 (tgl. 24 Std.)
ÖAMTC Schutzbrief-Nothilfe: Tel. 119 43/(0)1/251 20 00, www.oeamtc.at
TCS Zentrale Hilfsstelle: Tel. 119 41/588 27 22 20, www.tcs.ch
ADAC Partnerclub: Federacion Cubana de Automovilismo, Velodromo Nacional Via Monumental km 4,5, Habana del Este, Havanna, Tel. 07/766 37 76

Diplomatische Vertretungen

Botschaft der Bundesrepublik Deutschland, Calle 13 No. 652 esq. Calle B Vedado, Havanna, Tel. 07/833 25 39 und 07/833 31 88, www.havanna.diplo.de

Österreichische Botschaft, Avenida 5ta A No. 6617 esq. a Calle 70, Miramar, Havanna, Tel. 07/204 28 25, www.bmeia.gv.at

Schweizer Botschaft, Avenida 5ta No. 2005, entre Calle 20 y 22, Miramar, Havanna, Tel. 07/204 26 11, www.eda.admin.ch/havana

Gesundheit

Empfehlenswert ist eine Überprüfung des allgemeinen *Impfschutzes* (Diphtherie, Tetanus sowie Polio – darüber hinaus Hepatitis A, Typhus, Hepatitis B und Tollwut). Spezielle Impfungen müssen wegen des individuell sehr unterschiedlichen Risikos mit einem erfahrenen Reisemediziner abgestimmt werden. Einige Mückenarten sind Überträger des Denguefiebers, Moskitonetze und Sprays schützen vor Insektenstichen. Das Baden in Süß- oder Brackwasser sollte man vermeiden, um nicht an der Bilharziose zu erkranken. Die Übertragung vieler Krankheiten ist auf kontaminierte Nahrungsmittel und Trinkwasser zurückzuführen. Im Sommer 2014 wurden in einigen Regionen des Landes Magen-Darminfektionen und Choleraerkrankungen verzeichnet. Das Trinken von Leitungswasser ist unbedingt zu vermeiden.

Das *Gesundheitssystem* Kubas ist intakt, Krankenstationen und Polikliniken befinden sich in jedem Winkel des Landes, allerdings ist die Notfallversorgung nicht mit europäischen Standards vergleichbar, Medikamente und medizinische Geräte sind oft knapp. Die *Internationalen Apotheken* in Havanna und die (selten Deutsch oder Englisch sprechenden) Ärzte in den Hotels sind aber meist gut ausgestattet. Trotzdem sollten alle wichtigen Medikamente in der *Reiseapotheke* enthalten sein.

Besondere Verkehrsbestimmungen

Tempolimits in km/h: Innerorts 50 (vor Schulen 40 km/h), außerorts auf Landstraßen (carretera central) 80 km/h, auf Autobahnen (autopista) 100 km/h, allerdings muss man auch dort mit z. T. riesigen Schlaglöcher, unbeschilderten Bahngleisen, Menschen und Tieren auf der Fahrbahn rechnen. Die *Promillegrenze* liegt bei 0.

Sicherheit

Mit der prekären Wirtschaftslage steigt auch die Kriminalität, meist noch beschränkt auf die großen Touristenzentren wie Havanna, Playas del Este, Varadero und Santiago de Cuba sowie im Prostituiertenmilieu. Vor allem bei nächtlichen Unternehmungen sollte man auf die Mitnahme von Fotoausrüstung und viel Bargeld verzichten. In jüngster Zeit häuft sich der Raub von Handtaschen und Rucksäcken auf offener Straße. In so manchem Hotel verschwindet mal ein Kleidungsstück aus dem Schrank oder Koffer. In Restaurants sollte man stets die Rechnung genau prüfen. Das Auswärtige Amt warnt vor aufgebrochenen Gepäckschlössern an kubanischen Flughäfen. Wertsachen wie Fotoapparate oder Geld gehören unbedingt ins Handgepäck!

Stromspannung

Die Stromspannung in Kuba beträgt 110 Volt (in großen Hotels auch 220 Volt). Es empfiehlt sich, einen Adapter für US-Flachstecker mitzunehmen (gelegentlich passt auch der europäische Stecker).

Zeit

Die Zeitverschiebung beträgt ganzjährig MEZ bzw. MESZ minus 6 Std., da auch die Kubaner von Winterzeit auf Sommerzeit umstellen.

Anreise

Flugzeug

Zwischen Deutschland und Kuba verkehren Charterfluggesellschaften wie etwa Air Berlin und Condor. Air Berlin fliegt mehrmals wöchentlich nach Varadero. Die Condor bietet regelmäßig Verbindungen nach Havanna, Holguín und Varadero.

Aeropuerto Internacional José Martí, Avenida Van Troi y Final, Boyeros, Havanna (ca. 18 km vom Zentrum), Tel. 07/33 57 77, 07/266 46 44, http://havana.airportcuba.net.

Aeropuerto Internacional Juan Gualberto Gómez, Varadero, ca. 16 km vom Zentrum, Tel. 045/53 61 23, www.varadero-airport.com

Die Flugdauer der Transatlantikstrecke beträgt zwischen 10 und 12 Stunden. Der Rückflug sollte von Individualreisenden spätestens zwei Tage vorher telefonisch bestätigt werden. Bei der Ausreise wird eine **Flughafensteuer** von derzeit 25 CUC fällig.

Bank, Post, Telefon

Bank

Banken und Cadeca Wechselstuben gibt es in allen größeren Städten, sie sind in der Regel Mo–Fr 9–12 und 13.30–15 Uhr geöffnet. Einige Geldinstitute in La Habana Vieja und die Cadecas sind auch Sa/So geöffnet.

Post

Postämter sind Mo–Sa 8.30–17 Uhr geöffnet. Nach Europa sind Postsendungen mindestens 10 Tage unterwegs, manchmal aber auch einige Wochen.

Telefon

Internationale Vorwahlen
Kuba 00 53
Deutschland 119 49
Österreich 119 43
Schweiz 119 41

Internationale Telefonate werden meist über das **Operador** vermittelt und sind relativ teuer (1 Min. nach Deutschland kostet etwa 4 CUC). Auch das Telefonieren vom Hotel aus ist äußerst kostspielig. Günstig ist die Verwendung von *Telefonkarten* (10 und 20 CUC), die in Telefonboxen an der Straße, in Hotels oder Telekommunikationsläden benutzt werden können (ca. 1,50 CUC/Min.), allerdings ist die Eingabe der mehrfachen Code-Nummern nicht unkompliziert.

In Kuba kann man mit **Mobiltelefonen** telefonieren, allerdings ist es sehr teuer. Man sollte sich vor Reiseantritt über das günstigste Netz informieren und das Mobiltelefon entsprechend programmieren oder auf Kuba ein Handy mieten (www.etecsa.cu). In ländlichen Gegenden gibt es meist keinen Empfang.

Souvenirs

Ob als Postkarte, Schlüsselanhänger oder Wandteller – Che Guevara ist post mortem zum Exportschlager Nr. 1 geworden. In den meisten Hotels bieten staatliche Souvenirläden der Ketten ›Artex‹ und ›Caracol‹ allerlei Kunsthandwerk zum Verkauf: Keramik, Maraca-Rasseln, bunte Pappmaché-Figuren und Santería-Puppen (Orishas), Masken, Holzschnitzereien, T-Shirts, CDs mit traditioneller kubanischer Musik (Salsa, Trova, Son), mehr oder weniger ›revolutionäre‹ Literatur und Landeskundliches (in Englisch oder Spanisch) usw. Weitere beliebte Souvenirs sind Zigarren, Rum und Kaffee, die mit Qualitätsgarantie und zu offiziellen Preisen sowohl in speziellen Läden als auch in den jeweiligen Fabriken erhältlich sind. In Havanna, Cienfuegos, Trinidad und Santiago de Cuba gibt es zahlreiche Souvenirmärkte und Galerien, letztere bieten z. B. interessante Skulpturen und Naive Malerei.

Einkaufen

Große Luxushotels verfügen über Shopping-Arkaden mit Boutiquen, Schmuckläden, Galerien, Drogerien und Apotheken. In den Einkaufsstraßen mit **Tiendas Panamericanas**, den CUC-Kaufhäusern mit Importgütern, wird man häufig aufgefordert, Taschen an der *Guarda Bolsa* (Aufbewahrung) abzugeben, angesichts der Warteschlangen dort ist es besser, Kaufhäuser von vornherein ohne Tasche zu besuchen.

Essen und Trinken

Die Küche Kubas ist nicht gerade exquisit zu nennen. An Kreativität besteht ebenso ein Mangel wie an einer opulenten Auswahl an Lebensmitteln.

Kreolisches und Christliches

Ein typisches kubanische Gericht, die **Comida criolla**, besteht aus *Pollo* (Huhn) oder Schwein, *Cerdo*. *Cerdo asado* ist im

Straßengalerie für Naive Kunst – Souvenirmarkt an der Plaza de la Catredral in Havanna

Holzofen geschmortes Spanferkel. *Chicharrones* nennt man zerstoßene Schweineschwarte vom Rost. Die jeweilige Comida wird begleitet von **Moros y Cristianos** (Mauren und Christen, weißer Reis mit schwarzen Bohnen) und **Platanos**, Kochbananen, die in Scheiben frittiert auf den Teller kommen. Rindfleisch (*Carne de res*) ist außerhalb der Hotels selten. **Fisch** (*Pescado*) wird meist in panierter Form präsentiert. In den Strandorten sehr verbreitet, aber auch teuer sind Hummer, *Langosta*, und Garnelen, *Camarones*. **Ajiaco** ist ein kubanischer Eintopf aus mehreren Knollen- und Gemüsearten, Mais und Kürbis, meist mit Schweinefleisch. Gelegentlich werden **Tamales** (Maismehltaschen) und Maiskolben serviert.

Die kreolischen Gerichte sind meist lauwarm und trocken, manchmal mit einer Marinade (Öl, Zitronensaft, Knoblauch), aber immer sehr sparsam gewürzt – dafür gibt es fast überall die feurige Salsa-Sauce in Flaschen.

Vegetarier haben es schwer in Kuba: Salat, *Ensalada mixta*, und Gemüse gehören nicht zu einem typisch kreolisch-kubanischen Essen. Wenn ein solches Extra bestellt wird, kann es vorkommen, dass Büchsengemüse (Erbsen, Karotten, grüne Bohnen) als Beilage *und* als Salat serviert wird. Mit Glück bekommt der Vegetarier Weißkohl, *Col*, grüne Gurken, *Pepinos*, und Rote Beete. Einheimische Gemüsearten sind *Malanga* (Taro), die im Geschmack der Kartoffel ähnlichen *Yuca* (Maniok), *Boniato* (Süßkartoffel) und *Calabaza* (Kürbis).

Als **Imbiss** oder **Frühstück** wird außerhalb der großen Hotels meist ein Sandwich, *Bocadillo*, mit Käse (*Queso*) oder Schinken (*Jamón*) angeboten.

Regionale Spezialitäten

Als kulinarische Besonderheit hat sich in **Baracoa** – hier wachsen die meisten Kokospalmen – im äußersten Osten die Verwendung von *Kokosmilch* beim Kochen entwickelt, das gibt den Gerichten eine leicht asiatische Note. In **Guamá** wird *Krokodilfleisch* von der landesweit größten Zuchtfarm serviert, das ähnlich wie Hühnchenfleisch schmeckt.

Süßes, Fruchtiges und Flüssiges

Obwohl es in einigen Regionen Kubas riesige Plantagen gibt, sucht man **Obst** außerhalb der Hotels oft vergeblich – die

Das steigt zu Kopf – kubanische Cocktails

Heiß geliebt und viel getrunken – Mojíto wird am laufenden Meter ausgeschenkt

Cuba libre, Mojíto, Daiquirí, Mulata, Piña Colada, Saoco, Cubanito – wer hätte gedacht, dass solch karibische Köstlichkeiten aus einem Abfallprodukt der Zuckerproduktion gezaubert werden: Der Zuckerrohrsaft, **Guarapo**, wird gekocht, um die Kristalle von der Melasse zu trennen. Aus dem übrig gebliebenen Melassesirup wird der **Rum** destilliert, der bekannteste ist der ›Havana Club‹.

Zum **Mixen** von Cocktails eignen sich am besten der weiße dreijährige Rum namens *Carta Blanca* und *Carta Plata*, und der goldfarbene, länger gereifte *Carta de Oro*. Der braune *Anejo* ist bis zu sieben Jahre gereift und wird von Kennern pur und ohne Eis getrunken. Viele Kubaner können sich nur den hochprozentigen *Aguardiente* (Branntwein) leisten.

Für alle, die auf Hemingways Spuren genießen wollen, hier das allerwichtigste Rezept. **Mojíto:** Man nehme den Saft einer Limette und verrühre ihn mit einem halben Teelöffel Zucker, zerdrücke sechs Minzeblätter im Glas, dazu kommen 3–6 cl weißer Rum, mit Sodawasser auffüllen und rühren, ein paar Minzeblätter als Dekoration – und fertig ist Kubas köstliches Nationalgetränk!

meisten kubanischen Früchte werden zu Fruchtsaft, **Jugo**, verarbeitet, z. B. dem leckeren, sirupartigen Mangosaft. Direkt aus der grünen Kokosnuss genießt man den erfrischenden, klaren Kokossaft. An den Hotel-Büffets bekommt man Apfelsinen, Pampelmusen, Papaya, Mango, Bananen, Wassermelone und Ananas.

Zum **Dessert** gibt es oft *Karamelpudding*, den schon die spanischen Kolonialherren gerne aßen. In den kreolischen Ausflugsrestaurants wird neben Obst manchmal *Käse mit Marmelade* als Nachtisch gereicht. Ziemlich stolz sind die Kubaner auf ihre Eiscreme (*Helado*), die landesweit für Andrang in den Coppelia-Filialen sorgt. Sie ist sehr süß und meist in den Geschmacksrichtungen Erdbeere, Schokolade oder Kokosnuss vorhanden.

Die Kubaner konnten es sich natürlich nicht nehmen lassen, ihre eigenen **Colas** zu produzieren: ›Tropicola‹ und ›tu Kola‹. Daneben löschen internationale oder kubanische Erfrischungsgetränke in Büchsen (*Refrescos*), Fruchtsäfte, Mineralwasser und Tee den Durst. In den Hotels wird Filterkaffee und der kubanische *Cafecito*, stark wie Espresso, serviert. Unter den alkoholischen Getränken ist das kubanische **Bier**, vor allem die Marken Cristal, Bucanero und Mayabe, beliebt. Spanische, französische und chilenische **Weine** gehören meist zur All-inclusive-Palette der Hotels. Und last, but not least: Begehrt sind der ausgezeichnete kubanische **Rum** und die köstlichen **Cocktails**, deretwegen manch einer am liebsten auf Kuba bleiben würde, so wie einst Ernest Hemingway.

Stolzer Kellner mit Prachtlangusten im Restaurant Club Santa Lucia, Camagüey

Wohin zum Essen?

Die All-inclusive-Büffets in den kubanischen *Hotels* sind je nach Preisklasse eintönig bis reichhaltig. Bei gehobenem Standard werden abwechslungsreiche kubanische und internationale Speisen geboten. In großen Hotels gibt es häufig eine Reihe von Spezialitäten-Restaurants, z. B. mit italienischer, mexikanischer oder japanischer Küche.

Die touristisch ausgerichteten Ausflugsrestaurants, z. B. der **Rumbos**- und **Palmares**-Kette, servieren meist *Criollo*-Gerichte. Die Auswahl ist daher beschränkt. Internationale Restaurants sind selbst in Havanna selten und gehören meist nicht gerade zur ›Haute Cuisine‹. Eine sehr gute Alternative sind die kleinen Privatrestaurants, die **Paladares**. Damit sich keiner der privaten Gastwirte bereichern kann, darf ein solches Etablissement höchstens 12 Stühle haben – die Kubaner nennen dies mit wahrem Galgenhumor das ›Letzte Abendmahl‹. Nicht selten versteckt sich ein Paladar in einer alten Kolonialvilla, manchmal sitzt man aber auch in einem Patio oder in einer Wohnstube zwischen knarrendem Kühlschrank und rostigem Fahrrad. Die *Speisekarte* ist meist überschaubar, je nach Marktangebot des Tages, dafür kümmert sich die ganze Familie freundlich um die Gäste.

■ Feiertage

1. Januar: *Día de la Liberación* (Tag der Befreiung), 1. Mai: *Día de los Trabajadores* (Tag der Arbeit), 26. Juli: *Día de la Rebeldía Nacional* (Jahrestag des Sturms auf die Moncada-Kaserne in Santiago de Cuba; Achtung: Geschäfte können vom 25. bis 27. Juli geschlossen sein). 10. Oktober: *Día de Cultura Cubana* (Jahrestag des Beginns des ersten Unabhängigkeitskrieges), 25. Dezember: *Navidad* (Weihnachten).

■ Festivals und Events

Die Kubaner feiern gern und am liebsten bis in die frühen Morgenstunden. Neben vielen Gedenktagen zur Erinnerung an die Revolution und ihre Helden gibt es unzählige Gelegenheiten zum Tanzen und Schwofen. Geschäfte bleiben an den meisten Gedenktagen geöffnet, außer an den gesetzlichen Feiertagen.

Festivals und Events

Mitreißend – bei Musikfesten in Baracoa steht das Publikum quasi mit auf der Bühne

Januar

Landesweit: Der Geburtstag des Helden des zweiten Unabhängigkeitskrieges, José Martí (1853), wird am 28. Februar mit Reden und Aufmärschen gefeiert.

Februar

Landesweit: Am 24. Februar erinnern Paraden an den Beginn des zweiten Unabhängigkeitskrieges gegen Spanien (1895).

Havanna und Varadero: Beim *Carnaval* Ende Februar herrscht auf den Straßen buntes Treiben.

April

Varadero: Das *Festival de la Música Electroacústica* heizt mit seinen Beats ordentlich ein.

Juni/Juli

Santiago de Cuba: Mit flotter Musik wird das afrokubanische *Festival del Caribe* gefeiert.

Juli

Santiago de Cuba: Die Stadt kocht wie ein Hexenkessel, wenn die Einwohner im *Carnaval* dem Tanzfieber verfallen. Verkleidete Gruppen und Bands (Comparsas) ziehen bei mitreißender Musik durch die Straßen.

Oktober

Landesweit: Am 8. Oktober wird der Todestag Che Guevaras (1967) an vielen Orten des Landes feierlich begangen, vor allem in Santa Clara.

Oktober/November

Havanna: Das renommierte *Festival Internacional de Ballet* lockt zahlreiche Besucher in die Stadt (www.festivalballet habana.com).

November

Havanna: Ein vielfältiges Angebot an zeitgenössischer Musik bietet das *Festival de La Habana de Música Contemporánea*.

Havanna: Alljährlich treten die bekanntesten Salsa-Combos der Insel beim einwöchigen Festival *Baila en Cuba* auf (www.baila-en-cuba.de).

Dezember

Havanna: Jedes Jahr lockt das *Festival Internacional del Nuevo Cine Latinoamericano* renomierte Regisseure und Schauspieler aus aller Welt an (www.habana filmfestival.com).

Santiago de Cuba und Rincón bei Havanna: Tausende von Kubanern pilgern am 16. und 17. Dezember zur Wallfahrtskirche *El Cobre*, um den Patron, den hl. Lazarus, zu ehren.

Havanna: Namenhafte Künstler betreten beim *Internationalen Jazz-Festival* die Bühne (www.jazzcuba.com).

Klima und Reisezeit – Kultur live – Sport und Aktivitäten

■ Klima und Reisezeit

In Kuba hat die Sonne ganzjährig Saison. Der **Winter** von November bis April ist die angenehmere Reisezeit und touristische Hochsaison – die Temperaturen fallen auf etwa 25 °C und die Hotelpreise steigen. Im Osten bei Santiago ist es dabei heißer als im Westen. Wenn eine Kaltfront aus dem winterlichen Norden über die Karibik zieht, kann es jedoch auch empfindlich kühl werden, die Temperaturen sinken dann nachts bis unter 10 °C.

Februar bis April ist die trockenste Zeit. Von Mai bis Oktober herrscht im ganzen Land **Regenzeit**, allerdings selten mit lang anhaltenden Güssen (außer in Baracoa). Die Tagestemperaturen klettern auf bis zu 30–32 °C und die *Moskitos* fühlen sich wohl – besonders auf den Inseln und an der Küste. Bei starken Regengüssen brechen die Telefonleitungen vorübergehend zusammen. Von Juni bis November (Schwerpunkt Aug.–Okt.) ist **Hurrikan-Saison**. Kuba liegt häufig auf der Route der Wirbelstürme, doch sind die Auswirkungen hier meist nicht so verheerend wie auf anderen Karibischen Inseln.

Die **Wassertemperaturen** liegen ganzjährig im Schnitt bei angenehmen 27 °C, können allerdings besonders im Norden Kubas durch den kühleren Golfstrom etwas absinken.

Klimadaten Havanna

Monat	Luft (°C) min./max.	Wasser (°C)	Sonnen-std./Tag	Regentage
Januar	18/26	24	6	6
Februar	18/26	25	6	4
März	19/27	26	7	4
April	20/29	26	7	4
Mai	22/30	27	8	7
Juni	23/31	28	6	10
Juli	24/31	29	6	9
August	24/31	30	6	10
September	24/31	28	5	11
Oktober	23/29	26	5	11
November	20/27	25	5	7
Dezember	19/26	24	5	6

■ Kultur live

Musik, Tanz und Gesang

In den Städten und großen Touristenzentren gibt es ein vielfältiges Unterhaltungsangebot. Berühmt sind vor allem die Tanzshows des **Cabaret Tropicana** (www.cabaret-tropicana.com) in Havanna, Varadero (wird derzeit renoviert) und Santiago de Cuba. Beliebt sind außerdem die **Casas de la Trova** (Havanna, Trinidad, Santiago de Cuba etc.), wo tagsüber und abends Troubadoure traditionelle Musik spielen. Bands treten natürlich auch in den Nachtklubs und Bars der Hotels auf. Vor allem in Havanna hat man außerdem die Chance, berühmte **Salsa-Bands** live zu erleben, z. B. im legendären *Copa Room* im Hotel Riviera (Tel. 07/836 40 01, tgl. ab 22 Uhr), im *Cafe Cantante* im Nationaltheater (s. u., Tel. 07/879 07 10 oder 07/879 60 11) oder in der *Casa de la Musica* (s. S. 38, Tel. 07/204 04 47).

In den *Casas de la Cultura* bzw. den afrokubanischen Kulturzentren der *Casas de las Religiones* treffen sich vorwiegend Kubaner zu Livemusik, Musikunterricht, Lesungen oder anderen kulturellen Ereignissen. **Santería** [s. S. 102 f.] wird in Havanna (Bezirke Guanabacoa und Regla) und in manchen Hotels als touristische Show dargeboten. **Folklore-Shows** werden im *Conjunto Folklorico* vom gleichnamigen Ensemble aufgeführt:

Conjunto Folklórico Nacional de Cuba, Calle 4 No. 103, entre Calzada y 5, Vedado, Havanna, Tel. 07/831 34 67, www.folkcuba.cult.cu

Ballett und Theater, Moderner Tanz

Gran Teatro, Paseo de Martí esq. a San Rafael, Centro, Havanna, Tel. 07/83 52 94, www.balletcuba.cult.cu. Die Heimstätte des Ballet Nacional de Cuba zieht Tanzbegeisterte aus aller Welt an.

Teatro Nacional, Paseo y 39, Plaza de la Revolución, Vedado, Havanna. Das Nationaltheater in Havanna bietet internationale Stücke auf Spanisch. Programminformationen vor Ort.

Teatro Principal, Calle Padre Valencia 64, Camagüey, Tel. 032/29 30 48. Bühne des weltberühmten Ballet de Camagüey.

■ Sport und Aktivitäten

Wege in den kubanischen Alltag

Auf Exkursionen in den kubanischen Alltag hat sich das deutsche Reisebüro *avenTOURa* spezialisiert. Dabei stehen Begegnungen mit Kubanern im Vordergrund, etwa bei Reisen zum kubanischen

Sport und Aktivitäten

Tanz, zum Karneval nach Santiago, zum Filmfestival nach Havanna oder zu Betrieben der Tabakwirtschaft .

avenTOURa, Rehlingstr. 17, 79100 Freiburg, Tel. 07 61/211 69 90, www.aventoura.de

Fischen

Von allen Marinas (Jachthäfen) und Badeorten aus werden Bootstouren veranstaltet, z. B. zum **Hochseefischen**. Im Juni, September und November werden außerdem Internationale Wettbewerbe ausgetragen. Beste Fanggebiete sind ab Mai vor der Nordküste im Golfstrom und im Süden im Archipiélago de los Cabarreros von der *Isla de la Juventud* bis *Cayo Largo*. Auch **Angeltouren** auf Seen sind sehr beliebt, besonders am *Lago del Tesoro* bei Guamá und am *Embalse Hanabanilla* (Ausrüstung vorhanden).

Kuraufenthalte

Gesundheits- und Schönheitskuren bringen Kuba heutzutage Devisen. Auf dem Gebiet der Neurologie und Orthopädie hat sich Kuba international einen sehr guten Ruf erworben. *Sanatorien* und *Kurkliniken* kümmern sich mit Physiotherapie, schwefelhaltigen Quellen, Akupunktur und Kräutern ums leibliche und seelische Wohl, z. B. in Havanna (Gesundheitszentrum La Pradera), Sierra del Rosario (San Diego de los Baños), Sierra del Escambray (Kurhotel Escambray). Infos:

Cubanacán International, Spreeufer 6, 10178 Berlin, Tel. 030/30 87 43 30, www.cubanacan.de

Gaviota Tours, Tel. 07/869 57 74, www.gaviota-grupo.com

Sprachkurse

Wer schon immer Spanisch lernen wollte und den unverkennbaren kubanischen Dialekt mag (ein etwas genuscheltes Spanisch), der kann an Sprachkursen in Havanna, Las Terrazas, Santiago de Cuba oder Trinidad teilnehmen. Informationen bei avenTOURa (s. o.).

Tanz- und Percussionkurse

Im wahrsten Sinne mitreißend sind die Tanzkurse in Kuba – allerorten werden Besucher mit heißen Salsa-Rhythmen auf die Tanzfläche gelockt. Die Kurse finden in Tanzschulen statt. Auch Musikunterricht, wie Percussion oder afrokubanische Klänge, kann gebucht werden, besonders in Havanna und Santiago de Cuba. Weitere Informationen erteilen avenTOURa (s. o.) und:

Atempause – die meisten kubanischen Küstenhotels bieten Tauchkurse an

ViaDanza Tanzreisen, Mettinger Str. 26, 73728 Esslingen, Tel. 07 11/48 90 70 03, www.viadanza.de. Urlaubsreisen mit Tanzkursen in La Habana Vieja

Tauchen

Taucher zieht vor allem das zweitgrößte **Korallenriff** der Welt nach Kuba: Mehr als 500 Fischspezies und Tausende unterschiedlicher Muschelarten warten auf Entdeckung. Außerdem können Profis unzählige spanische **Wracks** erkunden und in unterirdisch ins Meer mündende Flüsse abtauchen. Besondere Attraktionen sind die vielen unterirdischen **Höhlen** nahe der Küste, z. B. die Cueva de las Peces bei *Playa Larga* und *Guamá*. Kubas Tauchdestinationen sind für die geringen Strömungen und eine klare Sicht bis zu 50 m Tiefe bekannt. Es gibt 40 Tauchsportzentren und 500 registrierte Tauchplätze. Internationale Tauchschulen betreuen die Urlauber in den meisten Badeorten, z. B. auf der *Isla de la Juventud* und *Cayo Largo* und in *Maria la Gorda*. Infos:

Nautilus Tauchreisen, Pfarrgasse 1, 82266 Inning/Ammersee, Tel. 081 43/931 00, www.nautilus-tauchreisen.de

Den Revolutionären sei Dank – für Kubas Schulkinder ist gesorgt

Von den Segnungen des Socialismo

Kuba hat im Vergleich zu anderen lateinamerikanischen Ländern ein relativ friedliches Erscheinungsbild. Hier gibt es keine Todesschwadronen, keine ›verschwundenen‹ Oppositionellen und keine Straßenkinder. Polikliniken und **Krankenhäuser** sind heute über das ganze Land verteilt. Statistisch gesehen versorgt ein Arzt 151 Kubaner – selbstverständlich kostenlos. In keinem Land Lateinamerikas ist daher die Kindersterblichkeit so gering wie hier und die Kubaner werden mit 77 Jahren im Durchschnitt fast genauso alt wie die Deutschen. Als die **Alphabetisierungs**-Brigaden ab 1960 übers Land zogen, konnte ein Viertel der Kubaner weder lesen noch schreiben. Heute sind nur noch etwa 3 % der Bevölkerung Analphabeten.

Die Segnungen des Socialismo gehen aber noch weiter: Die **Mieten** sind gleichbleibend niedrig. Bis zur Revolution 1959 hatte nur die Hälfte der ländlichen Haushalte **Strom**. Im Jahr 2000 war das Land fast vollständig elektrifiziert und 90 % der Kubaner besitzen heute einen Fernseher. Paradiesische Zustände für ein Entwicklungsland.

Und doch trügt der statistische Schein. Wer in Kuba heutzutage krank wird, braucht CUC oder Verwandte im Ausland, um an **Medikamente** zu kommen. Zwar gibt es für Waren wie Seife, Kerzen oder Kaffee Bezugsscheine, doch in den staatlichen Peso-Läden sucht man oft vergeblich danach. Nicht wenige Kubaner ›strecken‹ das Kaffeepulver mit getrockneten und zerriebenen Erbsen. Daher geht, wer CUC besitzt, zum Einkaufen auf den Schwarzmarkt oder in die Tiendas Panamericanas und besorgt sich dort die begehrten, aus dem Ausland importierten Waren und ›Luxus‹-Artikel.

Die Bevölkerung wird darüber hinaus mit besonderen politischen **Maßnahmen** konfrontiert: Damit die Hotels genug Strom bekommen, müssen die Kubaner in ihren Haushalten Strom sparen. Polizeikontrollen auf den Straßen wurden in den letzten Jahren wieder verstärkt, Diskotheken außerhalb von Hotels geschlossen, um gegen Prostitution und Drogenhandel vorzugehen. 1999 trat ein Gesetz gegen ›antipatriotische‹ Oppositionelle und Bürgerrechtler in Kraft, die Schauprozesse wurden im staatlichen Fernsehen gezeigt. Amnesty International berichtete auch immer wieder, dass Dissidenten und ihre Familien bedroht und schikaniert wurden. Verständlich, dass viele Kubaner sich lieber in eine andere Welt flüchten und die Stars der Seifenopern (Telenovelas) im TV bewundern. Und welchen Kubaner ärgert es nicht, dass er für seinen Monatslohn kaum noch etwas kaufen kann. Natürlich gibt es auch andere, denen es besser geht: Barkeeper und Zimmermädchen z. B. sind wahre **Traumberufe**, in denen man mit etwas Glück ein ganzes Peso-Monatsgehalt innerhalb eines Tages mit Trinkgeld verdienen kann – in CUC oder Devisen, versteht sich.

Tennis, Radfahren, Reiten, Golfen

Tennis und Reiten gehören zum touristischen Angebot in den meisten großen Hotels und in den Badeorten sowie gelegentlich auf dem Lande. Mountainbikes und Mopeds stehen ebenfalls häufig zum Verleih bereit, manche Fahrräder sind allerdings schlecht gewartet. Infos:

avenTOURa [s. S. 131]

Wikinger Reisen, Kölner Str. 20, 58135 Hagen, Tel. 023 31/90 46, www.wikinger.de. Geführte Rad- und Trekkingreisen.

Golfplätze gibt es in *Havanna* und *Varadero* (www.varaderogolfclub.com). In Varadero kann man sogar Fallschirmspringen lernen.

Wandern und Trekking

Trekking und Ökotourismus stecken auf Kuba noch etwas in den Kinderschuhen, doch einige Veranstalter bieten in folgenden Gegenden Exkursionen in die Natur an: *Pinar del Río* und *Soroa* (Las Terrazas), *Sierra del Escambray* (Topes de Collantes, Embalse Hanabanilla), *Sierra Maestra* (Aufstieg auf den Pico Turquino) und der regenwaldähnliche *Parque Nacional Alejandro de Humboldt* bei Baracoa. Die Touren sind meist eintägig. Insgesamt gibt es in Kuba sechs Biosphärenreservate und 14 Nationalparks.

Für *Vogelbeobachtung* eignen sich besonders die Península de Zapata (Guamá), Cayo Largo (Pelikane) sowie Cayo Coco und Cayo Sabinal (Flamingos). Es empfiehlt sich, das eigene Fernglas mitzubringen. Infos:

avenTOURa [s. S. 131]
Wikinger Reisen (s. o.)

Wassersport

Kuba ist ein wahres Paradies für alle Wassersport-Aktivitäten. **Schwimmen** steht natürlich an erster Stelle – gefahrlos, weil die vorgelagerten Inselketten die starken Meeresströmungen von der Küste abhalten. In den großen Badeorten kann man außerdem **schnorcheln** (eigene Ausrüstung am besten mitbringen), surfen, rudern und Wasserski fahren. Mancherorts stehen **Segelboote** und **Katamarane** zum Ausleih zur Verfügung, etwa in *Havannas* Marina Hemigway und in der Marina Marlín auf *Cayo Largo*. Wer das Wasser scheut und dennoch die bunte Unterwasserpracht genießen möchte, bleibt an Bord der **Glasbodenboote**, z. B. in *Varadero* und *Cayo Coco*.

Statistik

Lage: Kuba liegt in der nördlichen Karibik und ist die größte Insel der Antillen, umgeben vom nordamerikanischen Festland (Florida) im Norden, den Bahamas im Nordosten, Haiti und der Dominikanischen Republik im Osten, Jamaika im Süden und Mexiko im Westen. Vor der Westküste Kubas liegt der Golf von Mexiko, vor der Nordküste öffnet sich der Atlantische Ozean, vor der Südküste das Karibische Meer. Weite Teile der Insel sind relativ flach mit drei gebirgigen Erhebungen: Sierra del Rosario (im Westen bei Soroa), Sierra del Escambray (im Zentrum bei Trinidad) und Sierra Maestra (im Osten bei Santiago) – höchster Berg ist der Pico Turquino mit 1974 m.

Verwaltung: Kuba ist eine sozialistische Republik mit Einparteien-System. Alle fünf Jahre setzt sich das Parlament (Nationalversammlung) neu zusammen. Die Abgeordneten bestimmen die 31 Mitglieder des Staatsrates. Als oberstes Staatsorgan besitzt dieser neben exekutiven auch legislative und judikative Aufgaben. An seiner Spitze steht der Staatspräsident. Das Land ist in 15 Provinzen und 169 Stadtgebiete (Municipios) unterteilt.

Hauptstadt: Havanna (2,3 Mio. Einwohner) ist das politische, wirtschaftliche und kulturelle Zentrum der Insel.

Fläche: Kuba ist 109 884 km^2 groß (das entspricht etwa der Größe Bulgariens). Rund 27 % sind teils wieder aufgeforstete Waldfläche.

Wirtschaft: Die Wirtschaft befindet sich derzeit in einem Zwischenzustand aus Plan- und Marktwirtschaft. Es gibt Fünf-Jahres-Pläne und vorwiegend Staatsbetriebe, aber auch private Restaurants und Joint Ventures, z. B. Hotels. Hauptexporterzeugnisse sind Rohzucker, Zitrusfrüchte, Langusten, Tabak, Kaffee, Rum und Rohstoffe wie Nickel. Der Tourismus hat den Zucker als Devisenquelle Nr. 1 abgelöst (jährlich rund 2,8 Mio. Besucher).

Bevölkerung: Kuba hat rund 11,2 Mio. Einwohner, von denen ein Fünftel in der Hauptstadt Havanna lebt. 37 % aller Kubaner sind Weiße, 51 % Mulatten und 12 % sind Schwarze. Von der indigenen Urbevölkerung leben nur noch wenige Nach-

Alles bereit für sonnenhungrige Urlauber – Liegen und Bar am einladenden Pool

fahren im äußersten Osten bei Baracoa. 35 % der Bevölkerung sind katholischen Glaubens, daneben hat der Santería-Kult große Bedeutung.

Unterkunft

Casas particulares

Privatunterkünfte (www.casaparticular cuba.org) bei Familien sind vor allem in den Städten und in einigen Badeorten (z. B. Playas del Este) zu finden und an den blauen Dreiecken über der Tür zu erkennen. Manche Zimmer haben kein Fenster, die Einrichtung ist einfach, die Atmosphäre familiär. Andere bieten sogar ein eigenes Badezimmer, allerdings nicht immer Warmwasser. Die Preise liegen bei etwa 20–30 CUC am Tag, je nach Saison und Lage.

Hotels

Kuba hat ein großes Hotelangebot. Zu den alten hochherrschaftlichen Kolonialhäusern und den hässlichen Plattenbauten der 1970er-Jahre gesellen sich heute architektonisch originelle Joint-Venture-Hotels und attraktive Bungalowanlagen (Cabañas). In der Hochsaison steigt das Preisniveau um etwa 30 %. Oft sind die Preise für Doppelzimmer pro Person angegeben (ohne Frühstück), in den meisten Badeorten gelten allerdings All-inclusive-Preise. Hotels aller Kategorien und deren Gäste haben u. U. unter der Nahrungsmittelknappheit, fehlenden Ersatzteilen und gelegentlichen Stromausfällen zu leiden, besonders auf den Inseln.

Es gibt **staatliche Hotelketten**, deren Sterne-System nicht immer dem internationalen Standard entspricht, so gibt es sogar Holzhütten mit vier Sternen! Die *oberste* Preisklasse, Gran Caribe Hotels, bietet meist internationale Standards. Die Hotels der *Mittelkasse* (Cubanacan) entsprechen gelegentlich nicht den europäischen Erwartungen an Ausstattung, Service und Sauberkeit. Die *unterste* Kategorie, Islazul, ist sehr einfach. Die *Internationalen Hotels* bieten in der Regel ein sehr engagiertes, mehrsprachiges Animationsprogramm und manchmal auch Livemusik – in der Nähe des Pools ist daher vor 23 Uhr nicht mit Nachtruhe zu rechnen. Meist gehören ein *Souvenirladen* und winziger *Supermarkt* sowie ein *Reisebüro* zum Hotel.

Preiskategorien

30–50 CUC: Islazul-Hotels, Casas particulares, Campismo-Häuschen sowie einfache Holzhütten am Strand, oft nur Kaltwasser-Duschen, Ventilator, kein Schrank, manchmal kein Fenster (oder nur zum Flur). Die im Zimmer vorhandenen Radios und Telefone sind oft Attrappen.

50–100 CUC: All-Inclusive-Mittelklasse mit Klimaanlage, Heißwasser-Dusche, TV (meist Satelliten-Fernsehen, CNN, evtl. Deutsche Welle), Telefon, Kühlschrank, Balkon oder Terrasse, oft mit großem Pool und Bars. Die Einrichtung kann allerdings recht einfach wirken.

ab 100 CUC: Obere Preisklasse mit ansprechenden Zimmern, Badezimmer oft mit Badewanne, oft All-Inclusive-Strandhotels (außer Stadthotels), mindestens ein internationales à-la-carte-Restaurant, evtl. Zimmerservice, TV. Englisch sprechendes Personal, Reisebüros und Mietwagenverleih.

um 200 CUC: Fünfsternige First-Class-Hotels gibt es hauptsächlich in Havanna, Varadero, auf Cayo Coco, Cayo Ensenachos und Cayo Santa María.

Verkehrsmittel im Land

Bahn

Die Eisenbahn verkehrt recht regelmäßig auf der Hauptstrecke zwischen **Havanna** und **Santiago de Cuba**. Hier wird auch ein Expresszug mit Touristenwaggon, der ›tren francés‹, angeboten, Reservierung ist in der Hochsaison empfehlenswert: *Estación Central de Ferrocarriles,* Avenida de Bélgica esq. a Arsenal, La Habana Vieja, Tel. 07/862 19 20 und 07/862 10 06.

Eine Attraktion ist der historische Elektrozug **Trans Hershey**, die seit den 1920er-Jahren Zuckerrohr aus dem östlich gelegenen Ort Hershey nach Havanna beförderte: *Cuba Real Tours,* Avenida Paseo 606 e Calles 25 y 27, Vedado, Havanna, Tel. 07/834 42 51, www.cubarealtours.eu.

Bus

Grundsätzlich ist eine Fahrt mit öffentlichen Bussen zeitraubend und schwer zu organisieren, da diese unregelmäßig verkehren und Fahrpläne Seltenheitswert haben. Speziell für Touristen verkehren regelmäßig klimatisierte **Minibusse** und die preiswerteren **Víazul-Busse** zwischen den großen Touristenzentren. Diese sind über die Hotels, Reiseagenturen oder am Busbahnhof zu buchen: *Víazul,* Calle 26 esq. a Zoológico, Nuevo Vedado, Havanna, Tel. 07/881 14 13 und 07/881 11 08, www.viazul.com. Zudem kann man am zentralen Busbahnhof in Vedado zusteigen, Reservierung unter Tel. 07/870 33 97.

Conectando Cuba, die von mehrsprachigen Reiseleitern begleitete Busse verkehren auf sechs verschiedenen Routen zwischen den Tourismusgebieten, Städten und Hotels. Cubanacán, www.cubanacan.cu. Preise ähnlich wie Viazul, Reservierung 1–3 Tage zuvor.

Flugzeug

Von fast allen Touristenorten werden Flüge nach Havanna und anderswo angeboten, oft als Tagesausflüge im Helikopter und in kleinen russischen Propellermaschinen. Westliche Standards sollte man aber nicht erwarten. Die Route Havanna–Santiago de Cuba bieten z. B. *Aerocaribbean* (www.cubajet.com), *Cubana de Aviación* (www.cubana.cu) an. *Aerogaviota* (www.aerogaviota.com) fliegt nach Cayo Largo, Varadero und Baracoa.

Mietwagen

Mietwagen kann man von größeren Hotels anfordern. Alle Verleihfirmen haben Büros am Terminal 3 des Flughafens von Havanna, z. B. Transtur (ehemals Cubacar & Havanautos, www.transturcarrental.com). Benötigt werden Reisepass sowie Führerschein. Für ADAC Mitglieder bietet die **ADAC Autovermietung GmbH** günstige Konditionen an. Buchungen über www.adac.de/autovermietung, die ADAC Geschäftsstellen oder Tel. 089/76 76 20 99.

Mietwagenfahrer sollten auf jeden Fall vorab den *Ersatzreifen* prüfen. Die Autobahnen (*Autopistas*) sind in relativ gutem Zustand, die sonstigen Straßen häufig mit Schlaglöchern übersät. Grundsätzlich ist das Autofahren in Kuba sehr angenehm, da wenig Verkehr herrscht. Jedoch ist die **Ausschilderung** selbst an der Autobahn mangelhaft bis nicht existent. Die **Benzinversorgung** ist relativ gut, man sollte jedoch rechtzeitig an einer CUC-Tankstelle auftanken. Diese gibt es außer an der Autobahn meist an den Durchfahrtsstraßen größerer Orte. Doch nicht jede dieser Tankstellen hat das für Mietwagen in der Regel erforderliche Super Benzin (*especial*).

Taxi

Touristentaxis (gelbes Schild mit *Cubataxi*) fahren in den meisten großen Städten und sind mit Taxameter ausgestattet. Grundgebühr: 1 CUC, jeder weitere km 0,75 CUC. Auch die offiziellen Taxifahrer versuchen zunehmend ohne Einschalten des Taxameters ›auf eigene Kasse‹ zu fahren. Vor der Fahrt daher auf das Einschalten bestehen oder um den Preis verhandeln: vom Havanna-Airport ins Zentrum ca. 15–20 CUC. Bei *privaten (Sammel-)Taxis* sollte der Preis vorher erfragt werden, bei längeren Strecken wird verhandelt. Mittlerweile fahren auch private Taxis auf den Viazul-Busstrecken. Dadurch ist man etwas flexibler (sie warten an den Viazul-Bahnhöfen). Auch Sightseeing-Bustouren in Städten werden neuerdings oft von Privattaxis angeboten.

Sprachführer
Spanisch für die Reise

Das Wichtigste in Kürze

Ja/Nein	sí/no
Bitte/Danke	por favor/gracias
In Ordnung!/Einverstanden!	¡Está bien!/¡De acuerdo!
Entschuldigung!	¡Perdón!
Wie bitte?	¿Cómo dice/dices?
Ich verstehe Sie nicht.	No le entiendo.
Ich spreche nur wenig Spanisch.	Hablo sólo un poco de español.
Können Sie mir bitte helfen?	¿Puede ayudarme, por favor?
Das gefällt mir (nicht).	(No) Me gusta.
Ich möchte ...	Quisiera ...
Haben Sie ...?	¿Tiene Usted ...?
Gibt es ...?	¿Hay ...?
Wie viel kostet das?	¿Cuánto cuesta?
Wie teuer ist ...?	¿Qué precio tiene ...?
Kann ich mit Kreditkarte bezahlen?	¿Puedo pagar con la tarjeta de crédito?
Wie viel Uhr ist es?	¿Qué hora es?
Guten Morgen!	¡Buenos días!
Guten Tag!	¡Buenos días!/¡Buenas tardes!
Guten Abend!	¡Buenas tardes!
Gute Nacht!	¡Buenas noches!
Hallo!/Grüß Dich!	¡Hola!/¿Qué tal?
Wie ist Ihr Name, bitte?	¿Cómo se llama Usted, por favor?
Mein Name ist ...	Me llamo ...
Ich bin Deutsche(r)	Soy aleman(a)
Ich komme aus Deutschland	Soy de Alemania.
Wie geht es Ihnen?	¿Qué tal está Usted?
Auf Wiedersehen!	¡Adiós!
Tschüs!	¡Hasta luego!
Bis bald!	¡Hasta pronto!
Bis morgen!	¡Hasta mañana!
gestern/heute/morgen	ayer/hoy/mañana
am Vormittag/am Nachmittag	por la mañana/por la tarde
am Abend/in der Nacht	por la tarde/por la noche
um 1 Uhr/2 Uhr usw.	a la una/a las dos ...
um ... Uhr 30	a la/las ... y media
Minute(n)/Stunde(n)	minuto(s)/hora(s)
Tag(e)/Woche(n)	día(s)/semana(s)
Monat(e)/Jahr(e)	mes(es)/año(s)
heiß/kalt	caliente/frio
gutes Wetter/schlechtes Wetter	buon tiempo/mal tiempo

Wochentage

Montag	lunes
Dienstag	martes
Mittwoch	miércoles
Donnerstag	jueves
Freitag	viernes
Samstag	sábado
Sonntag	domingo

Monate

Januar	enero
Februar	febrero
März	marzo
April	abril
Mai	mayo
Juni	junio
Juli	julio
August	agosto
September	septiembre
Oktober	octubre
November	noviembre
Dezember	diciembre

Zahlen

0	zero	19	diecinueve
1	uno	20	veinte
2	dos	21	veintiuno, -a
3	tres	22	veintidós
4	cuatro	30	treinta
5	cinco	40	cuarenta
6	seis	50	cincuenta
7	siete	60	sesenta
8	ocho	70	setenta
9	nueve	80	ochenta
10	diez	90	noventa
11	once	100	cien, ciento
12	doce	200	doscientos, as
13	trece	1 000	mil
14	catorce	2 000	dos mil
15	quince	10 000	diez mil
16	dieciséis	1000 000	un millón
17	diecisiete	½	medio
18	dieciocho	¼	un cuarto

Maße

Kilometer	kilómetro(s)
Meter	metro(s)
Zentimeter	centímetro(s)
Kilogramm	kilogramo(s)
Pfund	medio kilo
Gramm	gramo(s)
Liter	litro(s)

Unterwegs

Nord/Süd/West/Ost	norte/sur/oeste/este
oben/unten	arriba/abajo
geöffnet/geschlossen	abierto/cerrado
geradeaus/	derecho/
links/	a la izquierda/
rechts/	a la derecha/
zurück	atrás
nah/weit	cerca/lejos
Wie weit ist das?	¿A qué distancia está?
Wo sind die Toiletten?	¿Dónde están los aseos?
Bitte, wo ist die (der) nächste ...	Por favor, ¿dónde está ...
Telefonzelle/	la cabina telefónica/
Bank/Polizei/	el banco/la policía/
Post/	el correo/
Geldautomat?	el cajero automático más cerca?
Wo ist ...	¿Dónde está ...
der Hauptbahnhof/	la estación central/
die Busstation/	la estación autobus/
der Flughafen?	el aeropuerto?
Wo finde ich ...	¿Dónde está ...
eine Apotheke/	una farmacia/
eine Bäckerei/	una panadería/
Fotoartikel/	los artículos fotográficos/
ein Kaufhaus/	unos grandes almacenes/
ein Lebensmittelgeschäft/	un supermercado/
den Markt?	el mercado?
Ist das der Weg/ die Straße nach ...?	¿Es éste el camino/ la carretera a ...?
Ich möchte mit ...	Quisiera ir en ...
dem Zug/dem Schiff/	tren/barco/
der Fähre/	ferry/
dem Flugzeug	avión
nach ... fahren.	a ...
Gilt dieser Preis für Hin- und Rückfahrt?	¿Es el precio de ida y vuelta?
Wie lange gilt das Ticket?	¿Hasta cuándo está válido el billete?
Wo ist das	¿Dónde está
Fremdenverkehrsamt/	la oficina de turismo/
ein Reisebüro?	una agencia de viajes?
Ich benötige eine Hotelunterkunft	Necesito una habitación en un hotel.
Wo kann ich mein Gepäck lassen?	¿Dónde puedo dejar mi equipaje?

Zoll, Polizei

Hier ist die Kaufbescheinigung.	Aquí está el recibo de compra.
Hier ist mein(e) ...	Aquí está mi ...
Pass/	pasaporte/
Personalausweis/	carnet de identidad/
Kfz-Schein/	los documentos del vehículo/
Ich fahre nach ... und bleibe ... Tage/Wochen.	Voy a ... y me quedo ... días/semanas.

Notfälle

Ich möchte eine Anzeige erstatten	Quisiera hacer una denuncia.
Man hat mir ...	Me han robado ...
Geld/die Tasche/	dinero/el bolso/
die Papiere/	los documentos/
die Schlüssel/	las llaves/
den Fotoapparat/	la cámera/
den Koffer gestohlen.	la maleta.
Verständigen Sie bitte das Deutsche Konsulat.	Por favor, informe al Consulado Alemán.

Freizeit

Ich möchte ein ...	Quisiera alquilar ...
Fahrrad/	una bicicleta/
Motorrad/	una motocicleta/
Surfbrett/	una tabla de surf/
Mountainbike/	un mountain bike/
Boot mieten.	un barco.
Gibt es ein(en) ...	¿Hay en la cercanía ...
Freizeitpark/	un parque de atracciones/
Freibad/	una piscina pública/
Golfplatz in der Nähe?	un campo de golf?
Wo gibt es die nächste Bademöglichkeit?	¿Dónde hay una posibilidad de bañarse?
Wo ist der nächste Strand?	¿Dónde está la playa más cerca?
Wann hat ... geöffnet?	¿Qué horario tiene ...?

Bank, Post, Telefon

Brauchen Sie meinen Ausweis?	¿Necesita Usted mi carnet de identidad?
Wo soll ich unterschreiben?	¿Dónde tengo que firmar?
Wo gibt es ...	¿Dónde puedo conseguir ...
Telefonkarten/	tarjetas para el teléfono/
Briefmarken?	sellos?

Tankstelle

Wo ist die nächste Tankstelle?	¿Dónde está la gasolinera más cerca?
Ich möchte ... Liter ... Super/Diesel bleifrei.	Quisiera ... litros de ... gasolina super/diesel gasolina sin plomo.
Volltanken, bitte!	¡Lleno, por favor!
Bitte prüfen Sie ...	Controle por favor ...
die Bremsen/	los frenos/

den Reifendruck/	la presión de los neumáticos/
den Ölstand/	el nivel del aceite/
den Wasserstand/	el nivel del agua/
das Wasser für die Scheibenwischanlage/	el agua para el lavaparabrisas/
die Batterie.	la batería.
Würden Sie bitte ...	¿Podría ...
den Ölwechsel vornehmen/	cambiar el aceite/
den Radwechsel vornehmen/	cambiar la rueda/
den Wagen waschen?	lavar el coche?

■ Panne

Ich habe eine Panne.	Tengo una avería.
Der Motor startet nicht.	El motor no arranca.
Ich habe die Schlüssel im Wagen gelassen.	Dejé las llaves en el coche.
Ich habe kein Benzin/Diesel.	No tengo gasolina/diesel.
Können Sie mir einen Abschleppwagen schicken?	¿Podría usted enviarme un coche grúa?
Gibt es hier in der Nähe eine Werkstatt?	¿Hay algún taller por aquí cerca?
Können Sie den Wagen reparieren?	¿Puede Usted reparar el coche?
Bis wann?	¿Para cuándo?

■ Mietwagen

Autovermietung	Alquiler de coches
Ich möchte ein Auto mieten.	Quisiera alquilar un coche.
Was kostet die pro Tag/pro Woche/	¿Cuánto cuesta el por día/por semana/
mit unbegrenzter km-Zahl/	con kilometraje ilimitado/
mit Kaskoversicherung/	con seguro ›casco‹/
mit Kaution?	con depósito?
Wo kann ich den Wagen zurückgeben?	¿Dónde puedo devolver el coche?

■ Unfall

Hilfe!	¡Ayuda!/¡Socorro!
Achtung!/Vorsicht!	¡Atención!/¡Cuidado!
Rufen Sie bitte schnell ...	Por favor, llame en seguida ...
einen Krankenwagen/	una ambulancia/
die Polizei/	a la policía/
die Feuerwehr.	a los bomberos.
Es war (nicht) meine Schuld.	(No) Fue culpa mía.
Geben Sie mir bitte Ihren Namen und Ihre Adresse.	Por favor, darme su nombre y dirección.

Ich brauche die Angaben zu Ihrer Autoversicherung.	Necesito los datos de su seguro.

■ Krankheit

Können Sie mir einen guten Deutsch sprechenden Arzt/Zahnarzt empfehlen?	¿Puede recomendarme un buen médico/dentista que hable alemán?
Wann hat er Sprechstunde?	¿A qué hora tiene su consulta?
Wo ist die nächste Apotheke?	¿Dónde está la farmacia más próxima?
Ich brauche ein Mittel gegen ...	Necesito un medicamento contra ...
Durchfall/	la diarrea/
Halsschmerzen/	dolor de garganta/
Fieber/	la fiebre/
Insektenstiche/	las picaduras de insectos/
Verstopfung/	el constipado/
Zahnschmerzen.	dolor de muelas.

■ Hotel

Können Sie mir ein Hotel/eine Pension empfehlen?	¿Podría recomendarme un hotel/ una pensión?
Ich habe bei Ihnen ein Zimmer reserviert.	He reservado aquí una habitación.
Haben Sie ...	¿Tiene Usted ...
ein Einzel-/	una habitación individual/
Doppelzimmer ...	doble ...
mit Bad/Dusche/	con baño/ducha/
für eine Nacht/	para una noche/

■ Hinweise zur Aussprache

c	vor ›a, o, u‹ wie ›k‹, Bsp.: **c**asa, **c**aja
c	vor ›e‹ und ›i‹ ähnlich dem englischen ›th‹, Bsp.: gra**c**ias
ch	wie ›tsch‹, Bsp.: le**ch**e
g	vor ›e‹ und ›i‹ wie ›ch‹, Bsp.: **g**ente
gue, gui	wie ›ge, gi‹, also mit stummem ›u‹, Bsp.: **gui**tarra, **gui**so
h	ist immer stumm
j	wie ›ch‹, Bsp.: **j**amón
ll	wie ›lj‹, Bsp.: torti**ll**a
ñ	wie ›nj‹, Bsp.: ni**ñ**o
que, qui	wie ›ke, ki‹, also mit stummem ›u‹, Bsp.: **que**so
v	wie ›b‹, Bsp.: **v**ia, **v**ino
z	ähnlich dem englischen ›th‹, Bsp.: tena**z**

für eine Woche/ mit Blick aufs Meer?	para una semana/ con vista al mar?
Was kostet das Zimmer mit ... Frühstück/ Halbpension/ Vollpension?	¿Cuánto cuesta la habitación con ... desayuno/ media pensión/ pensión completa?
Kann ich mit Kreditkarte bezahlen?	¿Puedo pagar con la tarjeta de crédito?
Haben Sie Internetzugang/ einen Hotelsafe?	¿Tiene Usted ... acceso al internet/ una caja fuerte?
Wie lange gibt es Frühstück?	¿Hasta qué hora se sirve el desayuno?
Ich reise heute Abend/ morgen früh ab.	Saldré esta noche/ mañana temprano.

Restaurant

Wo gibt es ein gutes Restaurant/ ein günstiges Restaurant?	¿Dónde hay un buen restaurante/ un restaurante economico?
Die Speisekarte/ Getränkekarte, bitte.	¡La carta/ la lista de bebidas, por favor!
Welches Gericht können Sie besonders empfehlen?	¿Qué plato puede Usted recomendarme especialmente?
Ich möchte das Tagesgericht/ Menü (zu ...)	Quisiera el plato del día/ el menú (de ...).
Ich möchte nur eine Kleinigkeit essen.	Quisiera comer poca cosa.
Haben Sie vegetarische Gerichte?	¿Hay platos vegetarianos?
Haben Sie offenen Wein?	¿Hay un vino de la casa?
Welche alkoholfreien Getränke haben Sie?	¿Qué bebidas sin alcohol tiene?
Haben Sie Mineralwasser mit/ ohne Kohlensäure?	¿Tiene agua mineral con/sin gas?
Das Steak bitte ... englisch/ medium/ durchgebraten.	El bistec ... casi crudo/ medio/ bien hecho, por favor.
Können Sie mir bitte ... ein Messer/ eine Gabel/ einen Löffel geben?	Por favor, ¿puede darme ... un cuchillo/ un tenedor/ una cuchara?
Die Rechnung, bitte/ Bezahlen, bitte!	¡La cuenta, por favor!

Essen und Trinken

Deutsch	Español
Abendessen	cena
Ananas	piña
Apfelsine	naranja
Aubergine	berenjena
Austern	ostinos
Banane	banana
Bier	cerveza
Bohnen (schwarze)	habichuelas
Braten	asado
Brot/Brötchen/Toast	pan/panecillo/tostada
Butter	mantequilla
Ei	huevo
Eis	hielo
Eiscreme	helado
Espresso	café solo
Essig	vinagre
Fisch	pescado
Flasche	botella
Fleisch	carne
Fruchtsaft	jugo de frutas
Frühstück	desayuno
Garnelen	camarones
Gemüse	verduras
Glas	copa/vaso
Grapefruit	toronja
Gurke	pepino
Huhn	pollo
Hummer	bogavante
Kalbfleisch	carne de ternera
Kartoffeln	papas
Käse	queso
Kochbananen	plátanos
Kokosnuss	coco
Kürbis	calabaza
Krug/Karaffe	jarra
Languste	langosta
Mango	mango
Meeresfrüchte	mariscos
Milch	leche
Milchkaffee	café con leche
Nachspeisen	postres
Öl	aceite
Oliven	aceitunas
Orangensaft	jugo de naranja
Papaya	papaya
Pfeffer	pimienta
Pilze	hongos
Reis	arroz
Rindfleisch	carne de vaca
Salat	ensalada
Salz	sal
Schinken	jamón
Schweinefleisch	carne de cerdo
Suppe	sopa
Süßigkeiten	dulces
Süßkartoffeln	bonitos
Tee	té
Thunfisch	atún
Vorspeisen	entremeses
Wassermelone	sandía
Wein Weiß-/Rot-/ Rosé-Wein	vino ... blanco/tinto/ rosado
Ziegenfleisch	chivo guisado
Zucker	azúcar

Register

A

Agramonte, Ignacio 91
Alphabetisierungskampagne 132
Alturas de Baracoa 99
Archipiélago de Camagüey 85
Archipiélago de los Canarreos 68
Archipiélago de Sabana 51, 85
Asisclo del Valle Blanco, Familie 63

B

Babalú Ayé, Gottheit 102
Bahía de Bariay **94–95**
Bahía de Cochinos 56, 57, **59–60**
Bahía de Naranjo 96
Bahía de Nuevitas 93
Bahía de Taco 99
Banes 96, 97
Baracoa 9, 94, 99, **100–103**
   Cruz de la Parra 101
   El Castillo 100
   Iglesia Nuestra Señora de la Asunción 101
   Malecón 101
   Matachín 101
   Museo Municipal de Baracoa 101
Bardot, Brigitte 27
Basílica del Cobre 113
Batista, Fulgencio 22, 23, 29, 32, 63, 80, 81, 105, 111, 117
Bayamo 111, 117, 118, 119
Befreiungskampf 9, 105
Belafonte, Harry 27
Bernhardt, Sarah 61
Brecht, Bertolt 119
Bunke, Tamara 82

C

Cabo Cruz 119
Cabo Francés 67
Cafetal Buena Vista 41
Caleta Buena 60
Camagüey 28, 85, **89–92**
Cañonazo 23
Carlos III., spanischer König 23
Carnaval (Karneval in Santiago de Cuba) 105, **109**
Caruso, Enrico 61, 62, 91
Casa de Diego Velázquez 28
Castro Ruz, Fidel 9, 11, 19, 26, 29, 32, 33, 44, 56, 59, 65, 66, 67, 71, 103, 105, 106, 111, 116, 117, 119
Castro Ruz, Raúl 111, 119
Cayería del Norte 85
Cayo Coco 85, **87–89**
Cayo Ensenachos 85
Cayo Guillermo 13, 88
Cayo Largo 56, **67–69**
Cayo Las Brujas 85, 86
Cayo Levisa **47**
Cayo Media Luna 88
Cayo Naranjo 15
Cayo Romano 88
Cayo Santa Maria **85–86**
Céspedes, Carlos Manuel de 24, 26, 105, 118, 119
Cha-Cha-Cha 110
Changó, Gottheit 102, 103
Chivirico 120
Churchill, Sir Winston 82
Cienfuegos 28, 56, **60–64**
Cienfuegos, Camilo 29
Cocktails 127
Cojímar 33
Colli, Alfredo 63
Cortéz, Hernán 105
Cousteau, Jacques-Ives 93
Criadero de Cocodrilos La Boca 57
Cuchillas del Toa 99
Cueva de Ambrosio 48, 51
Cueva del Indio 15, 45
Cuevas Bellamar 15, 48, 51, 54

D

Daiquirí 127
Drake, Sir Francis 61, 66
Du Pont, Irénée 48, 50

E

El Cobre 112
Elegguá, Gottheit 102, 103
El Nicho 65
El Oasis 114
El Perché 63
El Yunque 101
Embalse Hanabanilla **79–80**

F

Ferrer, Don José 62
Finca Vigía 19, 38
Flamingos 85, 88
Flynn, Errol 27

G

Garay, Sindo 108
Gibara **94–95**
Gómez, Máximo 29
Gran Caverna de Santo Tomás 46
Granjita Siboney 113
Granma, Motorjacht der Revolutionäre 29, 116, 119
Gran Parque Natural Montemar (Zapata-Nationalpark) 57
Gran Piedra 114
Greene, Graham 18, 30
Grupo Maniabón 96
Guaguancó 110

Guamá 56–59
Guantánamo 103, 105
Guarapo 50
Guardalavaca 15, 94, **95–98**, 113
Guayabita-Likör 45
Guevara, Che 11, 29, 32, 33, 65, 70, 80, 81, 82, 119

H

Haiti 105, 106
Hass, Hans 93
Hatuey 30
Havanna 11, 13, **18–38**, 39, 105, 110, 119
   Acuario Nacional 15
   Bodeguita del Medio 27
   Calle 23 33
   Calle Baratillo 26
   Calle Jústiz 26
   Calle Obispo 27
   Calle Obrapía 26
   Calle Oficios 26
   Capitolio Nacional 30
   Casa de Africa 26
   Catedral de La Habana 27
   Centro Asturiano 29
   Coney Island 15
   Coppelia 15, 33
   Edificio Bacardí 29
   El Templete 25
   Fortaleza de San Carlos de la Cabaña 14, 23
   Gran Teatro 30
   Hotel Ambos Mundos 27
   Malecón 31
   Memorial José Martí 34
   Museo Compay Segundo 33
   Museo de Arte Colonial 29
   Museo de la Ciudad 26
   Museo de la Revolución 29
   Museo del Ron Havana Club 26
   Museo Nacional de Bellas Artes 29
   Palacio del Conde de Santovenia 25
   Palacio de los Capitanes Generales 25
   Parque Central 30
   Plaza de Armas 24, 26
   Plaza de la Catedral 27
   Plaza de la Revolución 33
   Prado 30
   Vedado 18, 31
Hemingway, Ernest 6, 18, 19, 27, 34, 38, 39, 85, 88, 113
Holguín 94, 95, 96
Humboldt, Alexander von 48, 55, 99

I

Invasion in der Schweinebucht 59

Isla de la Juventud 56, **65–67**
Iznaga, Familie 77

J

Johannes Paul II., Papst 33, 101

K

Kennedy, John F. 44
Kolonialarchitektur 28
Kolumbus, Christoph 7, 25, 27, 30, 61, 66, 94, 95, 100, 101
Korallenbänke 59, 66, 67, 68, 85, 88, 93
Korda, Alberto Diaz 82
Krokodile 56, 57, 58, 68

L

La Bayamesa 120
La Demajagua 118
La Farola **103**
Lago San Juan 41
Laguna del Tesoro 56
Las Terrazas **41–43**
Loma del Puerto, Mirador 77
Longa, Rita 56

M

Maceo, Antonio 26, 106, 107, 108
Machado, Gerardo 30, 67
Mambo 110
Manaca 77
Manzanillo **118–119**
Marea del Portillo 120
Mariposa 8
Márquez, Gabriel García 27
Martí, José 30, 32, 33, 34, 61, 66, 75, 95, 105, 111
Matanzas 13, 48, **54–55**
Mogotes 41, 45
Mojíto 127
Morgan, Henry 61, 66, 90, 105
Museo Chorro de Maíta 94, **96–99**
Museo de Automóvil 26
Museo Hemingway **38–39**
Museo Nacional de Transporte 114

N

Nueva Gerona 66
Nuevitas 90

O

Obbatalá, Gottheit 102, 103
Ochún, Gottheit 103

P

Palma real 8
Parque Baconao 114
Parque Nacional Alejandro de Humboldt 9, 94, **99–100**, 101
Parque Nacional Desembarco del Granma **119–121**

Parque Nacional Sierra Maestra 117
Parque Nacional Topes de Collantes 65
Península de Zapata **56–59**
Período especial 109
Perovani, Giuseppe 27
Pico Martí 120
Pico Real de Turquino 9, 116, 117, 120
Pico San Juan 65
Pinar del Río (Provinz) 12, 41, 44
Pinar del Río (Stadt) **43–45**
Playa Ancón 76
Playa Bibijagua 67
Playa Blanca 95
Playa Don Lino 95
Playa Esmeralda 96
Playa Girón **59–60**
Playa Guardalavaca 96
Playa Larga 57, 59
Playa Las Coloradas 119
Playa Pesquero 96
Playa Rancho Luna 63
Playa Santa Lucia 85, **92–93**
Playas del Este 19, 38, **39**
Playa Turquesa 96
Plaza de San Francisco 24
Portada de la Libertad 119
Postigos 82
Puente de Bacunayagua 55
Punta Maisí 102

R

Rafael Freyre 94
Remedios 85, **86–87**
Reserva de la Biosfera Sierra del Rosario 41
Revolution 22, 29, 70, 105, 106, 110, 111, 113
Río Almendares 18, 31
Río Las Casas 66
Río San Juan 54
Río Toa 102
Río Yumurí 54, 55
Rodriguez, Caridad ›Caruca‹ 110
Rodríguez, Silvio 109
Rum 127
Rumba 110

S

Salaya, Camilo 62
Salsa 110
Sanchez, José (Pepe) 108
Sancti Spíritus 28, 70, **82–83**
San Francisco de Paula 38
San Rafael 87
Santa Clara 70, **80–82**
Santería 10, **102**
Santiago de Cuba 9, 21, 28, 32, 100, 103, **105–116**
 Ayuntamiento 106
 Basílica del Cobre 113
 Casa de Diego Velázquez 108
 Casa de la Trova 109
 Casa Granda 107

 Castillo de San Pedro de la Roca 14, 112
 Cementerio Santa Ifigenia 111
 Cuartel Moncada 111
 Museo de Ambiente Historico Cubano 107
 Museo de Carnaval 109
 Museo Histórico 26 de Julio 111
 Parque Céspedes 106, 107
 Santa Iglesia Catedral Metropolitana 107
Saquito, Nico 108
Sarría, Pedro 111
Schweinebucht 111
Sierra de Caballo 67
Sierra del Escambray 12, 64–65, 76, 79
Sierra del Rosario 41, 42
Sierra Maestra 9, 105, 107, 112, **116–117**, 119, 120
Silla de Gibara 94
Socialismo tropical **132**
Son 110
Soroa 42, 42–43
Soto, Hernando de 25

T

Tabak 41, 43, **45**
Tacón, Miguel 25
Taíno-Indianer 48, 56, 97
Terry, Tomás 61
Tinajones-Tonkrüge 90
Topes de Collantes 64
Torre Iznaga 77
Trinidad 10, 28, **70–79**
Trovas 110

U

Unabhängigkeitskrieg 71, 106

V

Valle de la Prehistoria 14, 114
Valle de los Ingenios 71, **77–78**
Valle de Viñales 9, **45–47**
Valle de Yumurí 48, **55**
Valle, Javier de 83
Valle San Vicente 46
Varadero 14, 15, **48–53**, 54
Velázquez de Cuellar, Diego 24, 70, 71, 82, 90, 100, 105, 108
Vermay, Jean Baptiste 25
Viñales 41, 45, 46
Vuelta Abajo 41, 44

Y

Yemayá 103
Yumurí 54
Yumurí Canyon 101

Z

Zapata-Nationalpark 57
Zigarren 9, **44**
Zuckerboom 21
Zuckerrohr 70, 71, **75**, 76, 77, 80

Impressum

Herausgeber: TRAVEL HOUSE MEDIA GmbH, München
Programmleitung: Dr. Michael Kleinjohann
Redaktionsleitung: Jens van Rooij
Autor: Martina Miethig (www.GeckoStories.com)
Autor Tipps Seite 12–15: Wolfgang Rössig
Redaktion: txt redaktion & agentur, Dortmund
Bildredaktion: txt redaktion & agentur
Satz: txt redaktion & agentur
Umschlaggestaltung: independent Medien-Design, München
Karten (Umschlag): Computerkartographie Carrle, München
Karten (Innenteil): Computerkartographie Carrle
Herstellung: Katrin Uplegger
Druck: Drukarnia Dimograf Sp z o.o. (Polen)

Ansprechpartner für den Anzeigenverkauf:
KV Kommunalverlag GmbH & Co. KG,
MediaCenter München, Tel. 089/92 80 96 44

ISBN 978-3-95689-054-3

Neu bearbeitete Auflage 2014
© 2014 TRAVEL HOUSE MEDIA GmbH, München
ADAC Reiseführer Markenlizenz der ADAC Verlag GmbH & Co. KG, München

Das Werk einschließlich aller seiner Teile ist urheberrechtlich geschützt. Jede Verwendung ohne Zustimmung von Travel House Media ist unzulässig und strafbar. Das gilt insbesondere für Vervielfältigungen, Übersetzungen, Mikroverfilmungen und die Verarbeitung in elektronischen Systemen. Die Daten und Fakten für dieses Werk wurden mit äußerster Sorgfalt recherchiert und geprüft. Wir weisen jedoch darauf hin, dass diese Angaben häufig Veränderungen unterworfen sind und inhaltliche Fehler oder Auslassungen nicht völlig auszuschließen sind. Für eventuelle Fehler oder Auslassungen können Travel House Media, der ADAC Verlag sowie deren Mitarbeiter und die Autoren keinerlei Verpflichtung und Haftung übernehmen.

Ein Unternehmen der
GANSKE VERLAGSGRUPPE

Bildnachweis

Titel: Plaza Mayor mit der Kathedrale der Heiligen Dreifaltigkeit in Trinidad, Kuba
Foto: **Bildagentur Huber** (Schmid Reinhard)

Rücktitel: links: **Laif** (Le Figaro Magazine/Eric Martin)
rechts: **mauritius images** (Alamy)

Titel Faltkarte: Varadero Beach
Foto: **Shutterstock** (edwin luo)

dpa Picture-Alliance: 13.4 (Robert), 14.2 (All Canada), 132 (AP Photo/Ramon Espinosa) – **F1 Online:** 51 (Schuster), 53.1 (Tips Images), 55.2 (Ken Welsh/AGE), 60 (Austrophoto) – **Fan:** 5.2 (Wh.), 80 (Carsten Schulz) – **Laurent Faro/Fotofinder:** 97.2 – **Werner Fiedler:** 4.4 (Wh.), 66, 84.2 – **Das Fotoarchiv:** 102 (Kike Calvo) – **Fotolia:** 12.2 (Aleksandar Todorovic), 12.3 (Veniamin Kraskov), 13.2 (Markus Beck), 13.3 (Harald Biebel), 14.1 (Alena Yakusheva), 14.3 (Michal Lindner), 15.2 (blueElephant), 15.3 (DOC RABE Media), 15.4 (Eric Isselee) – **Gabriela Greeß:** 88 – **Rainer Hackenberg:** 7.1, 10.2, 28, 43, 45, 46, 77, 92.2 – **Bildagentur Huber:** 9.1 (Wh.), 9.2, 47, 96, 99 (R. Schmid), 107.2, 116 (Foster) – **Images:** 68 (EyeUbiquitous/Hutchison), 115.1 (Lonely Planet Images/Christopher Baker) – **Gerold Jung:** 3.2 (Wh.), 37.1 – **Barbara Karreth:** 36 – **laif:** 2.1 (Wh.), 2.3 (Wh.), 2.4 (Wh.), 5.1 (Wh.), 6, 8.3, 11.1, 16, 22.1, 23, 31.1, 31.2, 63, 71, 73.2, 109, 129 (Hauser), 3.4 (Wh.), 7.2, 8.1, 35, 37.2, 40, 76.1, 86, 87, 104.1, 106, 126 (Raach), 3.4 (Wh.), 4.1 (Wh.), 8.2, 21.1, 21.2, 38, 110.2, 113.1, 128 (Celentano), 11.2 (Wh.), 10.1, 19, 76.2, 81, 104.2, 22.2, 107.1 (Tophoven), 26.2 (Piepenburg), 29, 34, 52.2, 55.1, 90, 112 (Gonzales), 53.2 (Hemispheres), 58.1 (Hemis), 61, 62.1, 62.2, 74, 91 (Voge/Le Figaro Magazine), 64 (Patrick Frilet/Hemis), 72 (Stephan Sahm), 101.1 (Bruno Morandi/Hemis), 110.1 (Hoa-Oui) – **Look:** 2.2 (Wh.), 49.2, 52.1, 73.1, 95 (Ingolf Pompe), 39, 117, 127 (K.-H. Raach), 5.4 (Wh.), 49.1 (TerraVista), 50.1 (The Travel Library) – **mauritius images:** 4.3 (Wh.), 6/7 (imagebroker/Peter Schickert), 13.1 (Alamy), 15.1 (Alamy), 25 (age fotostock), 67 (Reinhard Dirscherl), 75 (Imagebroker) – **Martina Miethig:** 3.1 (Wh.), 5.3 (Wh.), 32, 42, 65, 78, 79, 83, 84.1, 89, 92.1, 93, 108, 114, 118, 119, 120, 121, 134 – **Okapia:** 58.2 (Lynn M. Stone) – **Schapowalow:** 50.2 (Huber), 54, 57.2, 98, 101.2, 115.2 (Robert Harding) – **Shutterstock:** 12.1 (Kamira), 27 (Richard Cavalleri), 131 (Rostislav Ageev) – **Paul Spierenburg:** 44 – **Superbild:** 57.1 (AAA), 69.2 (Karl Thomas), 82 (Roger Cracknell), 97.1 (Mel Longhurst) – **Ullstein Bild:** 4.2 (Wh.), 100 (AISA), 59 (Imagebroker), 111 (Rolf Schulten), 113.2 (CARO/Westermann) – **Visum:** 69.1 (Photoshot) – **Dagmar Walden:** 24, 26.1, 30.1, 30.2